Kein Kinderkram! 2

Erzieherinnen- und Erzieherausbildung

Anja Berkemeier
Dietmar Böhm
Stefanie Dreißen
Kurt-Helmuth Eimuth
Volker Fischer
Martin Gehlen
Lutz-Walter Müller-Till
Michael Ott
Ingrid Rauner

Unter Mitarbeit der Verlagsredaktion

Bildquellenverzeichnis

Angelika Brauner, Hohenpeißenberg: S. 9.1, 13.1, 89.1, 87.1, 116.1

dpa Picture-Alliance GmbH, Frankfurt: S. 5.1

Stefanie Dreißen, Odenthal: S. 50.2, 108.1

Anne-Elisabeth Eimuth, Kiel: S. 17.1–3, 18.1–3, 20.2, 20.3, 20.4, 20.5, 20.7, 21.2, 21.3, 23.1

fotolia Deutschland GmbH, Berlin: S. 11.1 (Gennadiy Poznyakov), 16.1 (Robert Kneschke), 56.1 (stockWERK), 59.1–2 (SG-design), 60.1–2 (SG-design), 61.1 (Monkey Business), 102.1 (Gyula Gyukli), 102.2 (Valua Vitaly), 109.1 (Tyler Olson)

istockphoto, Canada: S. 85.1

mauritius images GmbH, Mittenwald: S. 24.1

Michael Ott, Freiburg: S. 5.1, 8.1, 8.2

Marcus Shaw/Kurt-Helmuth Eimuth: S. 20.1, 20.6, 21.1, 22.1, 23.2, 23.3

Shutterstock, New York: S. 49.1, 66.1, 80.1, 91.1, 102.3

Lutz-Walter Müller-Till und Sabine Müller, Freiburg: S. 113.1, 114.1–3

Markus Wehner: S. 80.2

Oliver Wetterauer, Stuttgart: S. 43.1, 72.1, 95.1

2. Aufl. 2014
Druck: westermann druck GmbH, Braunschweig

service@westermann-berufsbildung.de
www.westermann-berufsbildung.de

Bildungshaus Schulbuchverlage Westermann Schroedel Diesterweg Schöningh Winklers GmbH, Postfach 33 20, 38023 Braunschweig

ISBN 978-3-14-**239638**-5

© Copyright 2014: Bildungshaus Schulbuchverlage Westermann Schroedel Diesterweg Schöningh Winklers GmbH, Braunschweig
Das Werk und seine Teile sind urheberrechtlich geschützt. Jede Nutzung in anderen als den gesetzlich zugelassenen Fällen bedarf der vorherigen schriftlichen Einwilligung des Verlages.
Hinweis zu § 52a UrhG: Weder das Werk noch seine Teile dürfen ohne eine solche Einwilligung eingescannt und in ein Netzwerk eingestellt werden. Dies gilt auch für Intranets von Schulen und sonstigen Bildungseinrichtungen.

Vorwort

Vor Ihnen liegt das Arbeitsheft 2 zum Kompendium „Kein Kinderkram!". Ja, es ist ein Arbeitsheft. Die vertiefende Beschäftigung mit den Inhalten ist Arbeit. Sie ist aber auch ein Gewinn. Ein Gewinn an Erkenntnis, an Erfahrung, an inhaltlicher Auseinandersetzung mit Themen und Positionen. Und so gesehen wird das Arbeitsheft nicht nur Arbeit machen, sondern auch Spaß und Freude.

Die einzelnen Aufgaben sind so angelegt, dass sie oftmals in Gruppen gelöst werden können oder müssen. Es kommt also immer auch auf Begegnung und Interaktion an. Dies kann ja auch kaum anders sein, wenn ein Themenblock mit „In Gruppen pädagogisch handeln" überschrieben ist. Wer Bildungsprozesse der ganz Kleinen begleiten will, muss sich selbst diesen Prozessen aussetzen. Muss selbst genau beobachten und darf auch beobachtet werden.

Und so hat manche Frage durchaus mit der eigenen Biografie zu tun. Natürlich hat unsere Einstellung zur Sauberkeitserziehung auch etwas mit unserer eigenen Sozialisation zu tun. Die Aufforderung, die eigenen Eltern zu interviewen, wann und wie man selbst auf's Töpchen gesetzt wurde, verspricht nicht nur ein ausgefülltes Arbeitsblatt, sondern kann auch zu einem spannenden Abend mit den Eltern werden.

Erzieherinnen und Erzieher sind ja keineswegs nur im Kindergarten oder der Kinderkrippe tätig. Konsequent nimmt deshalb das Arbeitsheft das Arbeitsfeld der Kinder- und Jugendarbeit in einer „offenen Tür" oder in der Heimerziehung auf.

Während die Sauberkeitserziehung so alt wie die Menschheit ist, stellen sich mit Blick auf die digitalen Medien ganz andere Fragen: Wie kommt das Bild in den PC, was darf man und was ist sinnvoll? Hier hat das Arbeitsheft ganz praktische Anleitungen parat. Noch neu, aber stetig auf dem Vormarsch ist der 3D-Druck. Auch hier gibt es eine Kurzanleitung. Lassen Sie sich ruhig von der digitalen Welt faszinieren.

Lernen geschieht durch Ausprobieren. Die Aufgaben und Arbeitsblätter bieten hierzu Anlässe. Probieren Sie sich – allein oder gemeinsam mit anderen – aus. Dabei wünschen wir zahlreiche Erkenntnisse und viel Spaß.

Weiterführende Materialien finden Sie als Download in unserem Webshop.

Für die Herausgebergruppe

Kurt-Helmuth Eimuth

INHALT

Handlungsfeld 2: Entwicklungs- und Bildungsprozesse anregen, unterstützen und fördern II

Gestalterische Ausdrucksmöglichkeiten
- Kreative Persönlichkeiten erkennen und fördern ... 5
- Kreative Potenziale unterstützen ... 11

Medienpädagogik
- Einsatz digitaler Medien in der sozialpädagogischen Arbeit ... 16
- 3-D-Druck ... 20

Handlungsfeld 3: In Gruppen pädagogisch handeln

Gruppenpädagogik
- Auseinandersetzung mit eigenen Gruppenerfahrungen ... 24
- Gruppendynamische Aspekte ... 29
- Gruppenanalyse ... 40

Kinder in den ersten drei Lebensjahren
- Bildungsprozesse junger Kinder gezielt begleiten ... 43
- Sauberkeitserziehung ... 49

Kinder im Schulalter
- Max soll ein Schulkind werden ... 56
- Max ist ein Schulkind ... 61

Jugendliche und junge Erwachsene
- Kinder- und Jugendarbeit in einer „Offenen Tür" ... 64

Heimerziehung und betreute Wohnformen
- Leben in der Wohngruppe ... 66

Pädagogisches Handeln in besonderen Situationen
- Handlungskonzepte in Konfliktfällen ... 68

Handlungsfeld 4: Erziehungs- und Bildungspartnerschaften mit Eltern und Bezugspersonen gestalten

Erziehungs-und Bildungspartnerschaften in verschiedenen Tätigkeitsfeldern
- Gegenseitige Erwartungen von Eltern und Erziehern ... 72
- Schriftliche Kommunikation mit Eltern ... 77
- Ausflüge und Feste ... 80
- Eltern mit Migrationshintergrund ... 85

Handlungsfeld 5: Institution und Team entwickeln

Zusammenarbeit im Team
- Eine Gruppenarbeit reflektieren ... 87
- Teamentwicklung – Vom Problem zur Lösung kommen ... 89
- Das Kollegiale Beratungsmodell ... 91

Handlungsfeld 6: In Netzwerken kooperieren und Übergänge gestalten

In Netzwerken kooperieren und Übergänge gestalten
- Kooperation mit anderen Institutionen ... 95
- Den Übergang von Kindern unter drei in Kita, Krippe oder Tagespflege gestalten ... 101
- Den Übergang vom Kindergarten zum Schulkind gestalten ... 107

Abschluss: Gipfel erreicht? – Reflexion der Ausbildung ... 113

Quellenverzeichnis ... 118

Bildquellenverzeichnis ... 2

Gestalterische Ausdrucksmöglichkeiten

1: Kreative Persönlichkeiten erkennen und fördern

„1421 wurde das erste Patent vergeben. Es ging an den Maler, Bildhauer und Architekten Filippo Bruneleschi. Er hatte eine Hebe- und Transportvorrichtung für Marmor erfunden. Bruneleschi erfand auch die Perspektive, eine zeichnerische Möglichkeit räumliche Situationen überzeugend auf einer 2-dimensionalen Fläche darzustellen. Mit dazu lieferte er die Methode, die Perspektive auch zu überprüfen.

Unzählige Erfindungen mit hohem praktischen Nutzen haben seit jeher ihre Wurzeln in den Ateliers: Farbchemie, Statik, der Umgang mit Metallen, Druck- und Vervielfältigungstechniken, Fahrradkette und Fahrrad, Fluggeräte, Fotografie und bildgebende Verfahren, anatomische Kenntnisse ... Die Erfindung, die den Menschen an sich definiert ist vielleicht das Bild an sich.

Bildende Künstler sind und waren schon immer daran interessiert die Materie zu beherrschen und möglichst virtuos mit ihr umgehen zu können. Aus diesem Grunde sind KünstlerInnen sehr oft auch in naturwissenschaftlichem Sinne Forscher und sie pflegten und pflegen oft Kooperationen mit Ingenieuren, Entwicklerteams und Forschern. Viele Produktionsverfahren werden in Ateliers als Produktionsgeheimnisse gewahrt.

Kreative verhalten sich mitunter sehr unkonventionell, provokativ, regelverletzend. Kreative forschen spielerisch, handelnd, ergebnisoffen, an sehr individuellen Fragestellungen orientiert.
Das entspricht einer Arbeitsweise und Lernform von Kindern. Kinder haben ein tiefes Interesse daran, die Welt zu be-greifen. Im Begriff „Kunst-Handwerk" fließen die Aspekte einer auch spirituellen Weltdeutung mit dem Wusch des ganz pragmatischen Verstehens der alltäglichen Phänomene zusammen. Der Zusammenhang zwischen Feinmotorik, der „Fingerfertigkeit", und der kognitiven Leistungsfähigkeit ist heute allgemein anerkannt.

Diese Sachverhalte fanden auch in verschiedenen pädagogischen Konzepten ihren Niederschlag. So ging Pestallozzi von einem Lernen über Kopf, Herz und Hand aus, was sich in der Reggio-Pädagogik wieder findet. Die Realschule wurde entwickelt als eine Schule, bei der das Lernen eher von den Realia, den Dingen, und dem praktischen Umgang damit ausgehen sollte.

Nicht jeder ist gleich kreativ. Wie lässt sich ein kreatives Potential erkennen? Und wie kann man es fördern?

Aufgabe:
→ Erstellen Sie Listen: Welche Kenntnisse und Fertigkeiten können Kinder erwerben, wenn sie in kreative und gestalterische Prozesse gehen?
→ Welche Aufgaben und Schwierigkeiten müssen sie dabei bewältigen?
→ Welche Kompetenzen werden in solchen Prozessen geübt?

Junge, 2,5 Jahre

↘ KOMPETENZEN

→ *Bedürfnisse, Interessen und Potentiale von Kindern analysieren und diese bezüglich ihrer Bedeutung für Entwicklungs- und Bildungsprozesse beurteilen*
→ *Ressourcen, Kompetenzen und Stärken eines Kindes erfassen und einbinden*

GESTALTERISCHE AUSDRUCKSMÖGLICHKEITEN

→ *Bd. 2*
S. 51 ff.

Bereiten Sie sich vor, indem Sie sich mit dem Kapitel 2.3 „Gestalterisches Arbeiten für die Entwicklung und Förderung der Kreativität" in Band 2 befassen.

Ob „Suppenkasper", „Max und Moritz", „Pipi Langstrumpf" oder „Michel": In unseren Kindergärten haben solche Kinder natürlich ganz alltägliche Namen aus unterschiedlichen Kulturen. Solch „auffällige" Kinder als „Störfaktor" im Bildungssystem sind keine neue Erscheinung. Regelmäßig sind solche Persönlichkeiten Thema in der Erziehung und den Bildungseinrichtungen. Selbstverständlich hat kindliches Verhalten unterschiedliche Ursachen. Die können organisch, aber auch im familiären und allgemein sozialen Umfeld begründet sein. Sie können aber auch in der Persönlichkeit des Kindes liegen. Beispielsweise, wenn ein Kind über ein erhöhtes kreatives Potenzial verfügt. Aber nicht jedes Kind, das sich verhält wie Michel, ist kreativ.

Oft wird Kreativität mit Hochbegabung in Zusammenhang gebracht, und diese wird in der Regel nur am Intelligenzquotienten gemessen. Hierfür wurden zahlreiche Verfahren entwickelt. Das Merkmal „Kreativität" scheint jedoch schwerer zu erfassen zu sein als „Intelligenz".

Die **Renzulli-Hartmann Skala** von 1983 listet charakteristische und beobachtbare Eigenschaften von kreativen Kindern auf. Sie soll helfen, die „ungeliebten" kreativen Schüler und Schülerinnen zu erkennen, die Achtsamkeit der Lehrpersonen dafür zu erhöhen und das Entstehen von „Minderleistern" und „Minderleistung" zu verhindern.

Analyse + Bewertung

1 Nachdem Sie sich in Ihre Praxisgruppe eingewöhnt haben und die Kinder etwas kennen, notieren Sie bitte die Kinder, von denen Sie meinen, dass sie „kreativer" sind als andere.

   a) Stellen Sie dann bitte Beobachtungen anhand der Renzulli-Hartmann Skala an. Kreuzen Sie, je nachdem wie stark das Merkmal Ihrer Ansicht nach ausgeprägt ist, eine Ziffer von 1 bis 4 an. Vergleichen Sie das Ergebnis mit Ihrer ersten Liste.

→ *Bd. 2*
S. 55 f.

   b) Lesen Sie Kap. 2.3.4 und 2.3.5 und vergleichen Sie das Konzept von M. Csikszentmihalyi zur kreativen Persönlichkeit mit der Renzulli-Hartmann Skala. Tauschen Sie sich in Ihrer Ausbildungsklasse aus:

   Sehen Sie Überschneidungen? Fehlen Ihnen Merkmale?

Renzulli-Hartmann Skala	1	2	3	4
zeigt außergewöhnliche Neugierde für verschiedene Bereiche, stellt fortwährend und hartnäckig Fragen				
findet viele Ideen und Lösungsvorschläge für anstehende Probleme oder Fragen; auch unübliche, einzigartige, freche, raffinierte Möglichkeiten				
teilt seine Meinung vehement und ungehemmt mit; kann radikal und kompromisslos beharrlich bleiben				
ist risikobereit, abenteuerlustig und provokativ				
zeigt oft intellektuelle Verspieltheit; fantasiert, überlegt („Was wäre wenn …")				
verändert, erweitert, verbessert, oder verschönert Aufträge, Gegebenes, Objekte oder auch Organisationsformen				
zeigt großen Humor, erkennt auch Situationskomik, schmunzelt auch, wo andere nichts Lustiges erkennen				
zeigt emotionale Intelligenz, ist sich seiner Impulsivität meist bewusst und steht zu dieser irrationalen Seite (Knaben zeigen auch ihre feminine Seite, Mädchen leben eher ihre Unabhängigkeit)				
Sinn für Schönheit in verschiedenen Ausdrucksweisen, beachtet die ästhetischen Eigenschaften der Dinge in seiner Umwelt, ist nicht angepasst, kann mit Unordnung und Systemlosigkeit leben, interessiert sich nicht für Details, braucht seinen eigenen Stil und fürchtet auch das Anderssein nicht				

Renzulli-Hartmann Skala				
	1	2	3	4
übt oft konstruktive Kritik; kann schlecht autoritär verordnete Vorgaben annehmen; prüft alles zuerst mit kritisch neugierigem Geist				

(Eisenbart, 2004, www.unterrichtsentwicklung.ch, 16.9.2013)

2 Befassen Sie sich mit den „Grenzsteinen der Entwicklung" (INFANS) und ergründen Sie, welche der dort aufgeführten Kompetenzen Kinder und Jugendliche erwerben und üben, wenn sie malen, zeichnen oder gestalterisch tätig sind.

Wissen + Verstehen

Der folgende Beobachtungsbogen stammt aus dem INFANS-Konzept. Es kennt acht Bildungsbereiche bzw. Zugänge:

→ Sprache
→ Logik und Mathematik
→ Bewegung
→ Musik
→ Soziales Verständnis
→ Mechanik und Konstruktion
→ Wissenschaft
→ Bildende Kunst

Im Bildungsbereich **Bildende Kunst** geht es dabei nicht primär darum, das „kreative Potenzial" einzelner Kinder zu erfassen, sondern darum, ob die Bildende Kunst ein Zugang ist, den das Kind zur Welt wählt oder der ihm näher liegt. Trotzdem ist es ein Bereich, der in aller Regel in einen engeren Zusammenhang mit Kreativität gebracht wird.

Zum Konzept INFANS gehören die „Grenzsteine der Entwicklung". Diesen liegt unter anderem das Intelligenzmodell von Howard Gardner zugrunde, das neun Intelligenzen auflistet: sprachliche, musikalische, logisch-mathematische, räumliche, körperlich-kinästhetische, intrapersonale, interpersonale, naturalistische und existenzielle Intelligenz. Leider wird nicht auch explizit eine „kreative Intelligenz" ausgewiesen.

Projektverbund Bildung in der Kindertageseinrichtung, Bildungsbereiche/Zugangsformen für Kinder ab drei Jahre	
Bildungsbereich Bildende Kunst (bitte ankreuzen, was zutrifft)	
1. Ist sich das Kind visueller Elemente in der Umwelt und in Kunstwerken bewusst (z. B. Farben, Linien, Formen, Muster, Details)?	
2. Ist das Kind sensibel in Bezug auf unterschiedliche künstlerische Stilrichtungen (unterscheidet es z. B. zwischen abstrakter Kunst und Realismus oder Impressionismus)?	
3. Ist das Kind daran interessiert, die sichtbare Welt in zwei oder drei Dimensionen akkurat darzustellen?	
4. Benutzt das Kind beim Malen realistische Proportionen, detaillierte Züge, eine überlegte Auswahl von Farben?	
5. Benutzt das Kind verschiedene künstlerische Elemente (z. B. Linien, Formen, Farben), um Gefühle darzustellen, bestimmte Effekte zu erzielen und Zeichnungen oder dreidimensionale Gebilde zu schmücken?	
6. Stellt das Kind starke Empfindungen durch zeichnerische Repräsentation (z. B. lächelnde Sonne, weinendes Gesicht) und abstrakte Merkmale (z. B. dunkle Farben oder fallende Linien) dar, um Traurigkeit auszudrücken?	
7. Wirken die Zeichnungen oder Skulpturen, die das Kind anfertigt, „lebhaft", „traurig", oder „machtvoll"?	
8. Zeigt das Kind Interesse an Dekoration und Verschönerung?	

GESTALTERISCHE AUSDRUCKSMÖGLICHKEITEN

Projektverbund Bildung in der Kindertageseinrichtung, Bildungsbereiche/Zugangsformen für Kinder ab drei Jahre	
Bildungsbereich Bildende Kunst (bitte ankreuzen, was zutrifft)	
9. Wirken die Zeichnungen des Kindes farbenfroh, ausgewogen, rhythmisch oder wie eine Kombination dieser Merkmale?	
10. Ist das Kind beweglich und erfindungsreich im Gebrauch von künstlerischem Material (z. B. experimentiert es mit Schminke, Kreide, Ton)?	
11. Benutzt das Kind Linien und Profile, um in zwei- oder dreidimensionalen Arbeiten eine große Anzahl von Formen (z. B. offen oder geschlossen, explosiv oder kontrolliert) zu schaffen?	
12. Ist das Kind geschickt darin, einige Motive oder Themen auszuführen (z. B. Leute, Tiere, Gebäude, Landschaften)?	
Anzahl der angekreuzten Fragen (Rohwert)	
Profilwert nach Umrechnungstabelle	

Analyse + Bewertung

3 Diese Zeichnung stammt von einem Jungen im Alter von 1,7 Jahren. Das Kind hielt den Stift in Schreibhaltung in der rechten Hand und zeichnete aus dem Handgelenk. Die Zeichnung misst ca. zehn mal sieben Zentimeter.

Der Junge zeichnet nicht immer und auch nicht immer auf eine Anregung hin. Aber er holt sich immer wieder Papier und Stifte, um dann aus eigener Initiative heraus zu zeichnen. Dann kann er durchaus eine größere Anzahl von Bildern produzieren. Auf manche ist er auch stolz, zeigt sie und möchte sie gewürdigt sehen.

Wenn er Erwachsene beim Schreiben oder Zeichnen sieht, verlangt er immer wieder nach Papier und Stift und zeichnet und schreibt dann mit.

a) Beobachten Sie Kinder bei gestalterischen Tätigkeiten in Ihrer Praxiseinrichtung.

b) Sammeln Sie Kinderzeichnungen und notieren Sie dazu die äußeren Rahmenbedingungen und Ihre Beobachtungen.

c) Befassen Sie sich mit der Entwicklungspsychologie und machen Sie sich jeweils ein Bild davon, welchem Entwicklungsstand die jeweiligen Kinderzeichnungen entsprechen.

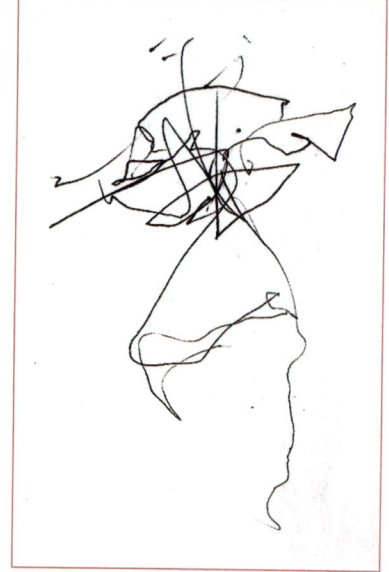

Analyse + Bewertung

4 Beobachten Sie einzelne Kinder in ihrem Verhalten im Alltag des Kindergartens:

→ Nehmen sie sich Auszeiten, ziehen sich immer wieder einmal zurück und wollen nicht gestört werden?

→ Können sie sich Tagträumen hingeben oder sinnieren sie manchmal einfach vor sich hin?

→ Stellen sie spontane Impulse zurück und können sie auf einen günstigeren oder passenden Zeitpunkt warten?

→ Ergreifen sie aus einer „Leerlaufphase" heraus Initiative und nehmen dann von sich aus eine Beschäftigung auf?

→ Suchen sie solche Leerlaufphasen, in denen keine konkrete Aufgabe ansteht?

→ Wollen sie Ihre jeweilige Arbeit zu Ende führen?

→ Wie lange verweilen sie bei einer Tätigkeit und können sich konzentrieren?

→ Reagieren sie sensibel oder schreckhaft auf Geräusche?

→ Bevorzugen sie eher stille Situationen?

→ Gehen sie eher vorsichtig an neue Aufgaben heran?

a) Tauschen Sie sich mit Ihren Kolleginnen über Ihre Beobachtungen aus.

Welche Unterschiede fallen Ihnen bei den Kindern auf?

b) Befassen Sie sich eingehend mit einzelnen Kinderzeichnungen. Lassen Sie sich darauf ein. Erstellen Sie eine Kopie und führen Sie die Zeichnung weiter.

5 Erstellen Sie ein Soziogramm. In welchen Beziehungen steht das von Ihnen beobachtete Kind in der Gruppe zu anderen Kindern und Erzieherinnen?

Analyse + Bewertung

Das könnte z. B. so aussehen:

→ grüne Linien: positive Beziehung

→ rote Linien: negative Beziehung

→ Pfeil: wer auf wen zugeht

→ Doppelpfeil: gegenseitige Beziehung

Was fällt Ihnen in Ihrer Gruppe auf?

Soziogramm:

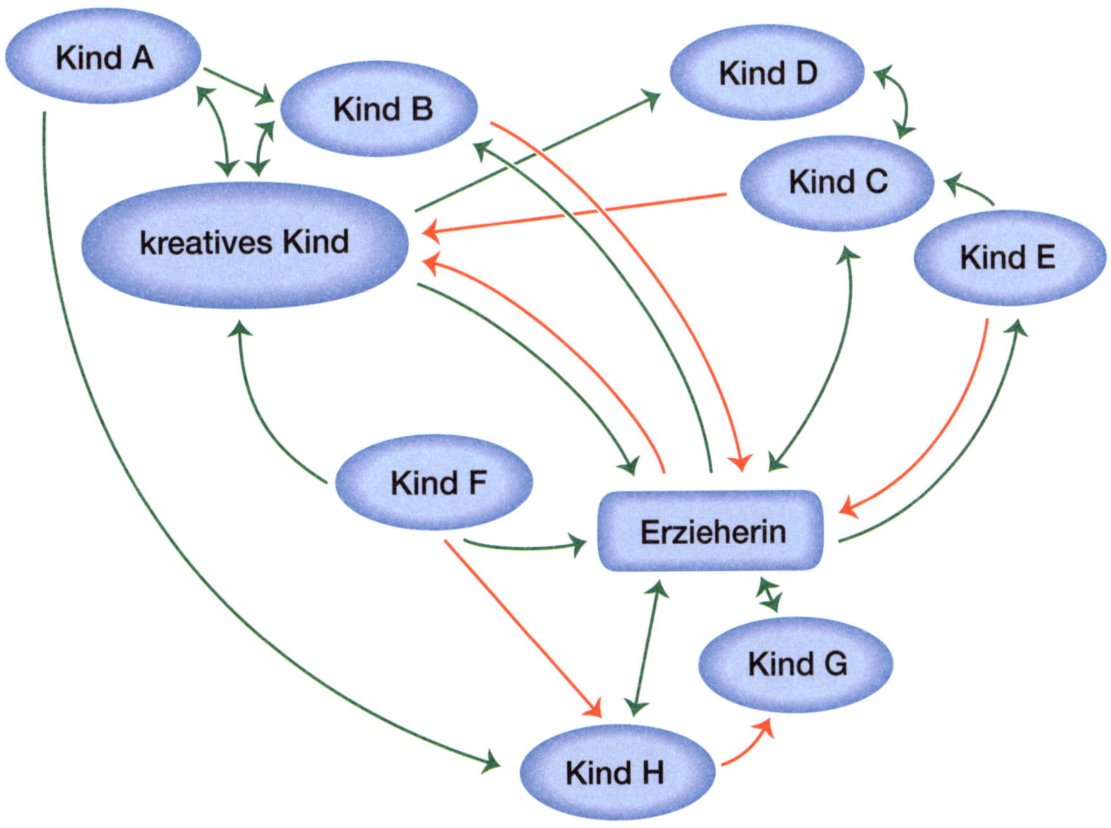

[Soziogramm mit Kind A, Kind B, Kind D, Kind C, Kind E, kreatives Kind, Kind F, Kind H, Erzieherin, Kind G]

6 Lesen Sie Kapitel 2.3.8. in Band 2.

Tragen Sie in einer kleinen Gruppe Ihre Erfahrungen zusammen:

→ Sind die kreativeren Kinder Außenseiter – oder begehrte Spielkameraden?

→ Welche Beobachtungen machen Sie in Gruppen mit mehreren Kreativen im Vergleich zu Gruppen mit wenigen kreativeren Kindern?

→ Beobachten Sie die Erzieherinnen und sich selbst: Wie agieren sie in Situationen, in denen Kinder kreativ werden und beispielsweise, durchaus wohlmeinend und sinnvoll, Grenzen austesten oder überschreiten?

→ Was macht die Situation mit Ihnen? Wie fühlen Sie sich?

Analyse + Bewertung

→ *Bd. 2 S. 59 ff.*

GESTALTERISCHE AUSDRUCKSMÖGLICHKEITEN

→ Was macht die Situation mit der Gruppe?
→ Tragen Sie Ihre Beobachtungen zusammen und überlegen Sie, ob das Verhalten die Kinder in ihrer kreativen Entwicklung unterstützt und welches Verhalten förderlich wäre.

Beobachtetes eigenes und das Erzieherinnenverhalten	Wünschenswertes, die Kreativität förderndes Verhalten

2: Kreative Potenziale unterstützen

Kristina ist in einer Kindertageseinrichtung, die nach dem offenen Konzept arbeitet. Dort ist sie als Kreativpädagogin für das Atelier zuständig. Sie beobachtet folgende Szene:

Im Raum gehen zehn Kinder immer wieder unterschiedlichen Beschäftigungen nach. Manche malen am Tisch, drei Mädchen umfahren am Boden ihren Körper mit Stiften, zwei Jungen malen verschiedene Figuren an die Wand. Die Kinder wechseln immer wieder einmal den Ort und verweilen 10 bis 15 Minuten bei ihrer jeweiligen Tätigkeit.

Zwei fünfjährige Jungen fallen ihr auf. Die beiden sitzen schon seit einer knappen Stunde gemeinsam an großen Bildern und entwerfen Spielfiguren, wobei sie sich an Comichelden orientieren.

In ein paar Minuten ist es zehn Uhr und der Morgenkreis wird beginnen. Kristina weist die beiden Jungen darauf hin, worauf diese sehr unwirsch reagieren. Sie wollen ihre Arbeit nicht unterbrechen. Schließlich werden die Jungen aktiv. Fast mit jedem Tick des Sekundenzeigers räumen sie auf und erledigen dabei einen Schritt nach dem anderen. Farben in die Kistchen, die Kistchen in die Regale, das Papier in den Papierständer, den Tisch sauber machen, Stühle heranschieben. In dem Moment, in dem der große Zeiger auf die Zwölf springt, sind sie aus dem Raum.

↘ KOMPETENZEN

→ *Die Absolventinnen und Absolventen verfügen über Wissen, um die Gestaltung und Weiterentwicklung von Lernorten und Lerngelegenheiten sowie von Erziehungs- und Bildungssituationen selbstständig zu planen, um Bildungsprozesse von Kindern anzuregen und zu verstärken sowie die Eigenaktivität von Kindern zu fördern und sich veränderten Bedingungen anzupassen.*

→ *Die Absolventinnen und Absolventen verfügen über Wissen, ein entwicklungsförderndes Umfeld unter Beachtung der Lebenswelten sowie der daraus resultierenden individuellen Bedürfnisse und Gruppeninteressen von Kindern zu gestalten.*

Bereiten Sie sich vor, indem Sie sich mit dem Kapitel 2.3 „Gestalterisches Arbeiten für die Entwicklung und Förderung der Kreativität" in Band 2 befassen.

Kreativitätsförderung stellt in der Regel das einzelne Individuum in den Mittelpunkt. Doch das Motto „Jeder ist seines Glückes Schmied und selbst für sich verantwortlich" ist nur die halbe Wahrheit:

Auch die persönliche Umgebung, die Familie, in der man aufwächst, der Kindergarten, in dem die Kinder einen Großteil ihrer wachen Zeit verbringen, hat einen großen Einfluss (vgl. Kap. 2.2.3 in Bd. 2). Es geht nicht nur darum, Kreativität zu fördern, sondern auch darum, ausgeprägte kreative Potenziale zu unterstützen, bevor sie verschüttet werden.

GESTALTERISCHE AUSDRUCKSMÖGLICHKEITEN

Planung + Konzeption

1 Wenn Sie das nächste Mal in Ihre Praxiseinrichtung kommen, schließen Sie die Augen. Wie fühlt sich die Geräuschkulisse an? Wohlig, friedlich, warm, ruhig, weich, interessant, laut, aggressiv, hektisch, hart? Welche Wortfetzen oder Ausdrücke nehmen Sie wahr? Lauschen Sie an unterschiedlichen Orten.

   a) Informieren Sie sich eingehend über die geltenden Regeln in der Einrichtung und über die Tagesstruktur. Sind die geeignet, um kreative Prozesse und Persönlichkeiten zu unterstützen?
   → Haben die Kinder Zugang zu altergemäßen Materialien?
   → Ist die Umgebung Experimenten gegenüber aufgeschlossen?
   → Können und sollen die Kinder eigene Initiativen entwickeln?
   → Können die Kinder ihren individuellen Rhythmen folgen?
   → Können die Kinder ihre Tätigkeiten zu Ende bringen?
   → Können die Kinder Tätigkeiten auch über längere Zeiträume hinweg verfolgen, auch über zwei oder drei Stunden, oder werden sie gestört?
   → Können Kinder Interessen auch über Tage verfolgen?
   → Gibt es viele Verbote?
   → Gibt es individuelle Regelungen?
   → Wie flexibel sind Bringzeit, Frühstück, Morgenkreis, Freispiel, Angebote, Essen oder Abholzeit organisiert?

   b) Tragen Sie Ihre Erfahrungen in der Gruppe zusammen.

   Tageseinrichtung und Bildungsinstitutionen sind Betriebe mit zum Teil vielen Mitarbeitern, die Hand in Hand zusammenarbeiten müssen. Es sind auch eine Reihe gesetzlicher Vorgaben einzuhalten. Eltern und Träger stellen von ihrer Seite noch weitere eigene Anforderungen. Hier sind einige Kompromisse erforderlich, einige sind es nicht. Was sind Ihre Erfahrungen?

   c) Sammeln Sie Ideen, welche Aspekte in Ihrer Einrichtung für kreative Prozesse förderlich sind.
   → Kreativität ist ein „einsames" Geschäft. Können sich Kinder zurückziehen?
   → Dürfen sich Kinder auch langweilen?
   → Sehen Sie wünschenswerte, realisierbare Alternativen zu den in Ihrer Einrichtung geltenden Regeln und Tagesstrukturen?

Planung + Konzeption

2 Erkunden Sie Ihre Einrichtung. Begehen Sie alle Räume.

   Erstellen Sie dann einen Grundriss Ihrer Einrichtung. Beziehen Sie auch das Außengelände mit ein.
   → Wo sind laute Bereiche, wo ruhige?
   → Wo halten sich oft viele Kinder auf, wo wenige?
   → Wo dürfen sich keine Kinder aufhalten?
   → Gibt es „erzieherfreie" Bereiche?
   → Wo befinden sich Ruhezonen?
   → Gibt es Kuschelecken?
   → Wo ist die Bibliothek? Ist sie einladend? Können die Kinder dort in Büchern schmökern?
   → Bei einer offenen Einrichtung: Wo befinden sich welche Funktionsbereiche?
   → Wo befindet sich das Atelier?
   → Bei einer Einrichtung mit Stammgruppe: Zeichnen Sie einen detaillierten Plan Ihres Gruppenraumes mit den unterschiedlichen Bereichen.
   → Wo sind die Kinder oft in Bewegung? Wo laufen oder rennen Kinder oft?
   → Achten Sie auf Bodenbeläge und Wände. Gibt es Präsentationsflächen?
   → Welche Atmosphäre spüren Sie in der Einrichtung? Lädt sie dazu ein, viele Dinge auszuprobieren?
   → Gibt es ein Farbkonzept? Wie wirken die Farben auf Sie?
   → Achten Sie auf Fenster und Fensterformen. Wie sind die Lichtverhältnisse?

Grundriss

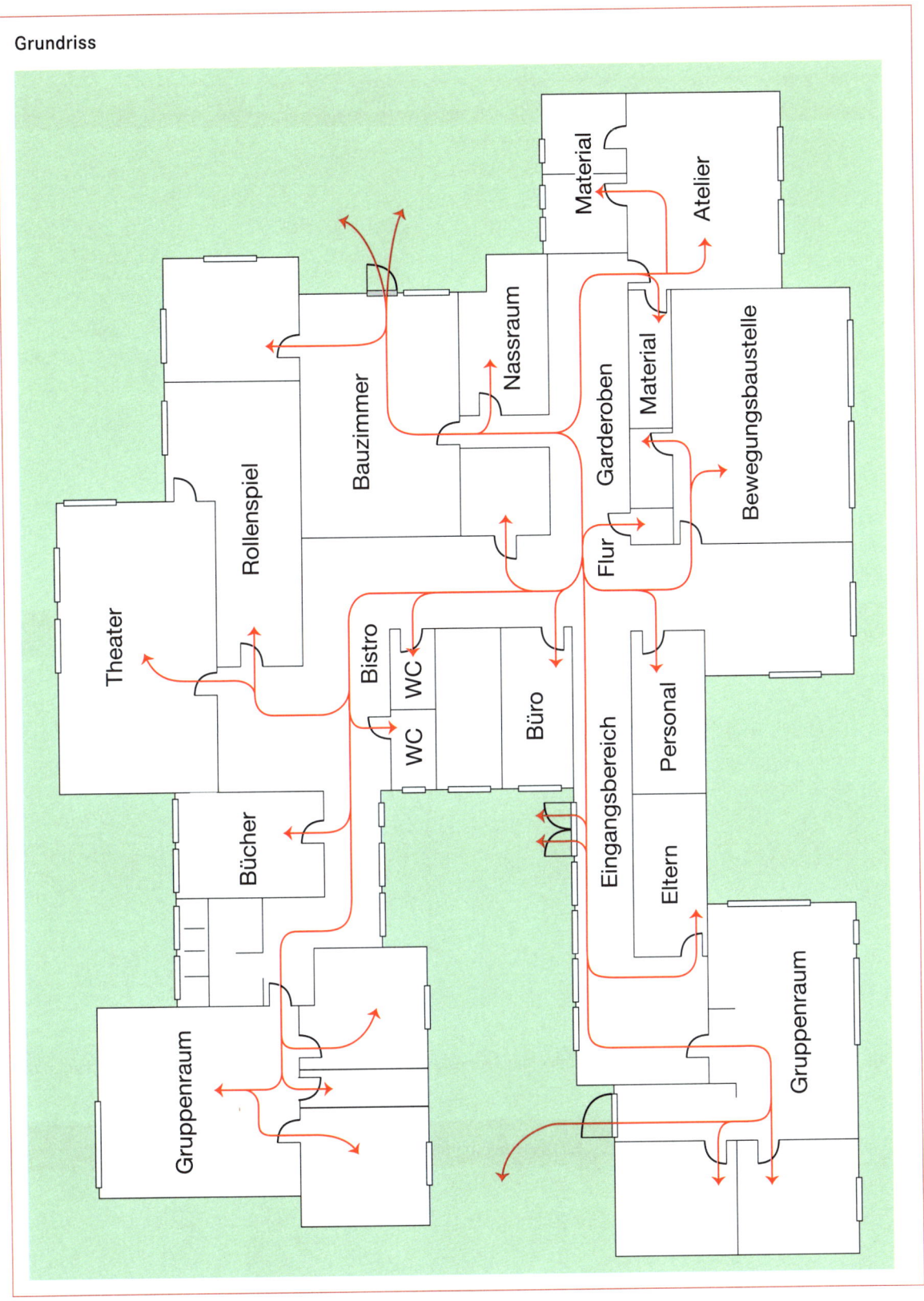

Nehmen Sie sich einen Ihrer Pläne in einer kleinen Gruppe vor und prüfen Sie, inwieweit die Situation kreative Prozesse und Persönlichkeiten unterstützt. Was lässt sich verbessern? Entwickeln Sie Fantasien. Erstellen Sie entsprechend eine neue Raumnutzung.

GESTALTERISCHE AUSDRUCKSMÖGLICHKEITEN

Planung + Konzeption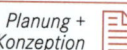

3 Erstellen Sie eine Liste der in Ihrer Einrichtung zur Verfügung stehenden Materialien. Welche Qualität haben diese Materialien und in welchem Zustand sind sie?

Materialien	Qualität/Zustand

Ergänzen Sie diese Liste um Materialien, die Sie gerne zur Verfügung hätten. Informieren Sie sich, welcher Etat für die Materialbeschaffung bereitgestellt wird. Rechnen Sie: Wie viel Geld steht Ihnen pro Öffnungstag und Kind zur Verfügung?

Wunschmaterialien	Etat

a) Erstellen Sie eine Liste mit unterschiedlichen Techniken, die Sie in der Einrichtung kennengelernt haben oder die sie kennen.

Techniken

14

2: Kreative Potenziale unterstützen

b) Tragen Sie nun in der folgenden Tabelle ein, welche Materialien und welche Techniken (nicht Themen) für die jeweiligen Altersstufen geeignet sein könnten.

Alter		Materialien	Techniken	
1	U 3			zunehmend: (manueller und kognitiver) Schwierigkeitsgrad, Komplexität, Risiko
2				
3				
4	Kindertagesstätte			
5				
6				
7	Grundschule/Hort			
8				
9				
10				
11	Jugend			
12				

Wie hat sich Ihre Sicht auf die Kinder verändert?

Können Sie es zulassen und werden in der Einrichtung individuelle Phasen der Kontemplation zugelassen?

15

Medienpädagogik

1: Einsatz digitaler Medien in der sozialpädagogischen Arbeit

Fotos sind in der Kindertagesstätte selbstverständlich geworden. Und seit der Digitalfotografie auch leicht und preiswert einsetzbar. Ob klassisch als Erinnerung an den Ausflug oder als Element der Dokumentation. Gerade im Kontakt mit Eltern nicht-deutscher Muttersprache sind sie eine gute Gesprächsgrundlage. Fotografien veranschaulichen. Nur wie kommt das Foto in den PC? Mit welcher Software kann ich es bearbeiten?

Keine Angst, Sie müssen nicht jedes Mal zum nächsten Drogeriemarkt rennen, um sich Ihre Bilder auszudrucken. Nehmen Sie doch die SD-Karte aus dem Foto oder Handy und stecken Sie diese in Ihren Card-Reader am PC. Möglicherweise müssen Sie hier einen Adapter (in der Regel bei der SD-Karte mitgeliefert) verwenden. Sollten Sie kein Karten-Lesegerät (Reader) haben, können Sie Ihren Fotoapparat oder auch ihr Handy per USB-Kabel am PC anschließen. Sie benötigen jetzt keine fremde Software. Sie nutzen die Karte wie ein externes Laufwerk oder wie einen Stick als Wechseldatenträger.

In Ihrem PC rufen Sie durch Mausklick den Arbeitsplatz auf. Den Button Arbeitsplatz finden Sie auf dem Desktop. Durch Doppelklick können Sie ihn öffnen und erhalten dann eine Übersicht über die Datenträger. Öffnen Sie nun den Datenträger für Ihren Card-Reader oder der Kamera. Sie sollten jetzt als Datei Ihre Fotos sehen. In der Regel sind sie als JPG-Datei abgespeichert. Dies ist ein vielfach verwendetes Kompressionsverfahren. Diese Dateien können Sie jetzt durch Klicken aufrufen oder auch wie Texte kopieren. Also markieren und in einer Datei auf Ihrem PC speichern. In der Regel gibt es hier einen Ordner „Eigene Bilder", den Sie verwenden können. Sollten Sie auf die Kamera als Wechseldatenspeicher direkt zugegriffen haben, kann es sein, dass Sie zunächst verschiedene kameraeigene Ordner sehen. In der Regel sind die Bilder unter DCIM abgespeichert. Klicken Sie ruhig auf alle Ordner, bis Sie Ihr Bild gefunden haben.

Erst wenn die Bilder im PC sind, können Sie bearbeitet, in Texte eingefügt oder als Dia-Show aufbereitet werden. Die Grundlage der Verwendung von Bildern in der pädagogischen Arbeit ist die Sammlung auf dem PC (denken Sie bitte hier auch an den Datenschutz, siehe Arbeitsbuch).

↘ KOMPETENZEN

→ Die Absolventinnen und Absolventen verfügen über Fertigkeiten, Handlungsmedien sach-, methoden- und zielgruppengerecht einzusetzen.

→ Die Absolventinnen und Absolventen verfügen über Fertigkeiten, technische Medien in die pädagogische Arbeit mit Kindern, Jugendlichen und jungen Erwachsenen gezielt einzubeziehen.

1: Einsatz digitaler Medien in der sozialpädagogischen Arbeit

1. Kopieren Sie ein Foto aus Ihrer Digitalkamera oder dem Handy auf den PC und speichern Sie es dort unter „Eigene Bilder" ab.

 Wissen + Verstehen

→ Bd. 2 S. 99

Hinweis: Bildbearbeitung

Es gibt zahllose Bildbearbeitungsprogramme. Alle sind für die üblichen Grundanwendungen geeignet.
Im Folgenden beziehen wir uns auf die kostenlose Software Irfanview. Sie können sie beispielsweise unter http://www.heise.de/download/irfanview.html herunterladen. Nach der Installation können Sie unter „Options" und „Change language" zur deutschen Programmoberfläche wechseln.
Wenn Sie eine Software installiert haben, können Sie Ihr Bild über „Datei" und dann „Öffnen" im PC suchen und durch Anklicken aufrufen.

2. Probieren Sie die unter „Bild" angebotenen Bildbearbeitungen aus.

 Wissen + Verstehen

Als besonders einfach und praktisch hat sich die Funktion „Auto-Korrektur" erwiesen. Hier wird das Bild einfach optimiert. Im Anschluss erscheint ein Fenster, in dem Sie entweder das Originalbild durch die jetzt veränderte Fassung ersetzen oder mit neuem Namen abspeichern können. Auch andere Veränderungen können Sie so unter einem neuen Dateinamen abspeichern, sodass das Originalbild weiterhin unbearbeitet existiert. Probieren Sie aber auch die anderen Möglichkeiten aus.

→ Was verändert sich?

→ Was ist nur Spaß, was könnten Sie in der Arbeit verwenden?

3. Möglicherweise wollen Sie einen Text in ein Bild einfügen. Markieren Sie durch festhalten der linken Maustaste den Abschnitt, in dem der Text erscheinen soll. Gehen Sie nun auf „Bearbeiten", dann „Text einfügen". In die Markierung können Sie nun durch Eingabe in die geöffnete Maske einen Text eingeben. Schriftart, Textgröße und Textfarbe können Sie wie bei Word unter „Schrift" wählen. Versuchen Sie es. Probieren Sie verschiedene Schriften und Textfarben aus. Wann ist der Text am besten lesbar?

 Wissen + Verstehen

4. Natürlich wollen Sie auch mal einen Ausschnitt vergrößern. Hierzu markieren Sie wieder den Ausschnitt mit der Maus. Gehen Sie dann auf „Bearbeiten" und wählen „Freistellen". Schon haben Sie ein anderes Foto. Probieren Sie es aus.

 Wissen + Verstehen

MEDIENPÄDAGOGIK

Wissen + Verstehen

5 Verwenden Sie weitere Möglichkeiten der Software. Nur Mut, Sie können nichts falsch machen. Beachten sie allerdings: Verändern Sie das Originalfoto nur, wenn Sie sich wirklich sicher sind.

Hinweis zum Fotografieren:

Die Werbung verspricht es: Fotografieren kann jede. Stimmt. Und doch ist das Ergebnis sehr unterschiedlich. Im Bereich der Kindertagesstätten gilt es, wenige Grundregeln zu beachten:

1. Auf Augenhöhe
Bei Aufnahmen von Kindern sollte die Kamera immer auf Augenhöhe sein. Und da die Kinder in der Regel kleiner sind: runter mit der Kamera. Da muss die Fotografin in die Knie oder sich gar auf den Boden legen. Probieren Sie es aus!

2. Ran ans Motiv
Sie kennen das. Beim Betrachten eines Bildausdrucks will man unwillkürlich heranzoomen. Das gezeigte ist klein, zu klein. Also ran ans Motiv. Keine Scheu, denn Sie wollen ja etwas genau dokumentieren. Da die Zooms oftmals nur elektronisch sind, helfen sie auch nicht weiter. Sie rechnen einfach das Bild in ein anderes Format hoch. Dadurch wird das Bild erheblich schlechter. Auch optische Zooms verschlechtern in der Regel die Bildqualität, da sie viel Licht schlucken.

3. Kein Gegenlicht
Zahlreiche Aufnahmen müssen im Gruppenraum entstehen. Hier kann die Entwicklung des Kindes am besten dokumentiert werden. In der Regel haben Gruppenräume eine große Fensterfront und drei Wände ohne Fenster. Das Licht kommt also nur von einer Seite. Fotografieren Sie niemals gegen die Fensterfront. Dann bekommen Sie nur ein verschattetes Motiv.

4. Das Normale ist das Fotogene
Sie wollen die Entwicklung des Kindes dokumentieren. Deshalb sollten Sie das normale Verhalten der Kinder fotografieren. Kinder, die bewusst in die Kamera schauen, sich in Pose bringen, sind nicht förderlich. Trainieren Sie deshalb mit den Kindern, dass sie die Kamera ignorieren.

5. Kein Blitz
Um Normalität dokumentieren zu können, ist es hilfreich auf den Blitz zu verzichten. So werden die Kinder in ihrem Spiel nicht gestört und Sie erhalten zudem noch natürlichere Farben. Um dies zu können, benötigen Sie eine möglichst lichtstarke Kamera. Bilder mit einer Belichtungszeit von $1/60$ Sekunden lassen sich noch gut aus der Hand fotografieren, sodass die Bilder auch ohne Stativ nicht verwackeln.

6. Die 2:1-Regel
Moderne Kameras verführen mit einem Fadenkreuz dazu, das Objekt immer in der Mitte zu postieren. Die ultimative Regel zur Bildgestaltung fordert aber eine andere Positionierung. Stellen Sie sich das Foto in drei gleich große horizontale bzw. vertikale Streifen zerschnitten vor. Bringen Sie Ihre Motive an den Trennlinien dieser Drittel unter. Einzelne Personen nicht genau in der Mitte platzieren, sondern auf der Trennlinie zwischen linkem oder rechtem Drittel. Man nennt dies auch den goldenen Schnitt.

6   Probieren Sie die oben aufgeführten Regeln aus.

Zu 1: Nehmen Sie die unterschiedlichen Perspektiven auf. Entweder wählen Sie eine Mitstudierende als Motiv oder Sie nehmen eine lebensgroße Babypuppe.

Zu 2: Nehmen Sie eine Person aus unterschiedlicher Entfernung auf: Vergleichen Sie.

Zu 3: Klassenräume sind denen von Kitas ähnlich. Nehmen Sie eine Studierende im Gegenlicht und als Kontrast von der Fensterseite aus auf. Was können Sie auf den Bildern erkennen?

Zu 4: Knipsen Sie ein Bild Ihrer Lerngruppe. Anschließend bringt sich die Gruppe in Pose. Beschreiben Sie die beiden Bilder mit Ihren Worten.

Zu 5: Fotografieren Sie Ihre Lerngruppe oder eine Person mit und ohne Blitz. Wie wirken die Bilder?

Zu 6: Stellen Sie ein Motiv in die Mitte eines Bildes. Zum Vergleich fotografieren Sie das Bild gemäß der oben beschriebenen Regel.

7   Ein Besuch im Museum ist oft ermüdend und nicht alles erschließt sich dem Betrachter von selbst. Nehmen Sie sich doch mal etwas Besonderes vor. Erstellen Sie einen Ausstellungskatalog. Dazu benötigen Sie:
   → Informationen über die Ausstellung
   → Bilder, die Sie selbst fotografieren
   → eine gute Kamera
   → Kenntnisse im Textverarbeitungsprogramm Word

   Und schon kann es losgehen.

   → Überlegen Sie sich, welcher Aspekt Ihnen an der Ausstellung wichtig ist. Gehen Sie zunächst durch die Ausstellung und schauen Sie sich um. Nehmen Sie Informationen auf. Sprechen Sie mit anderen über die Wirkung der Exponate. Überlegen Sie, welche Ausstellungsgegenstände wie dargestellt werden sollten.
     - Gibt es ungewöhnliche Perspektiven?
     - Wer schreibt die Texte?
     - Wie kann man eine Bildunterschrift einfügen?
   → Gestalten Sie in einer Arbeitsgruppe einen Musterkatalog.
     (Übrigens eine Aufgabe, die auch mit Kindergartenkindern durchgeführt werden kann.)

> **Hinweis zum Filmen mit Kindern:**
>
> **Filmen ist kinderleicht. Also lassen wir Kinder ran an die Kamera. Doch vorher sollten wir es selber ausprobiert haben.**

8   Besorgen Sie sich eine Kamera. Manche guten Handys können auch filmen, aber mit einer HD-Kamera geht vieles einfacher. Probieren Sie den Zoom aus, die Scharfstellung, ggf. die Auswahl und den Austausch des Speichermediums. Wenn alles vorhanden ist, heißt es: Film ab.

Doch was ist zu filmen? Stellen Sie sich vor, Sie seien ein Kindergartenkind und würden die Schule besuchen. Spüren Sie die Perspektive des Kindes nach. Beim Filmen gelten übrigens die gleichen Gesetzmäßigkeiten wie für das Fotografieren, also nah dran, auf Augenhöhe usw.

Wenn Sie einige Sequenzen gedreht haben, können Sie diese bearbeiten. Bitte nehmen Sie sich Zeit. Man rechnet als Filmamateur für eine Minute Film mit etwa einer Stunde Nachbearbeitung. Also Geduld. Sie können Ihren Film nun schneiden und mit Musik unterlegen. Nutzen Sie hierfür ein gängiges Schnittprogramm.

Auch Kinder können mithilfe von Erwachsenen kleine Filme herstellen.

2: 3D-Druck[1]

Der Hintergrund

Das Thema 3D-Druck taucht immer öfter in den Medien auf. Aus Entwürfen am Computer entstehen Schicht für Schicht langsam reale Objekte: Egal ob Ersatzteile, Kunstwerke oder Erfindungen, fast alles lässt sich mittlerweile am heimischen Schreibtisch herstellen.

Vor allem durch das Reprap-Projekt, das selbst-replizierende Maschinen anstrebt, fand die Technik Verbreitung und wurde auch für Heimanwender erschwinglich.

Der „UP" 3D-Drucker

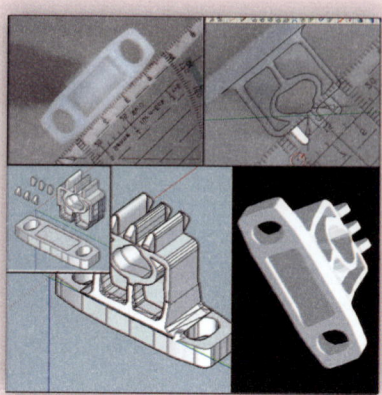

Ein gebrochenes Plastikteil eines Möbelhauses wird gescannt, nachgezeichnet und ein 3D- Modell erstellt. Statt einem neuen Schrank werden nur 30 Cent fällig.

Die Technik

Beim „Rapid Prototyping" (schnelle Musterentwicklung) wird ein Computermodell in dünne Schichten zerlegt (Slicing) und zu einer Steuerelektronik übertragen.

Ein 3D-Drucker legt Kunststoff ab, hebt die Düse einige Mikrometer, und trägt weitere Schichten auf. Je nach Qualität und Größe kann ein Objekt Minuten oder etliche Stunden benötigen.

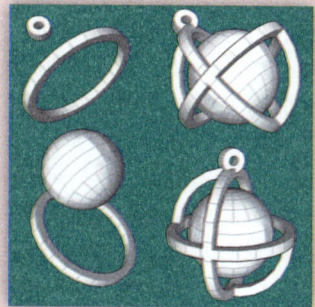 

Aus einfachen geometrischen Formen entsteht ein Modell; die bewegliche Kugel entstand direkt im Käfig. Neben Schmuck sind auch bewegliche Zahnräder oder Ähnliches möglich.

---

[1] Dieser Text basiert auf Ausführungen und Versuchen von Marcus Shaw (www.PixelGiraffe.com), der auch die Bilder zur Verfügung stellte. Weitere Informationen befinden sich in unserem Webshop.

Einige Geräte arbeiten wie eine motorisierte Heißklebepistole und tragen z. B. ABS, PLA oder Nylon auf. Andere Geräte verschmelzen mit einem Laser-Pulver in einem Behälter (Kunststoffe, Glas, Metall) oder härten ein Kunstharz aus. Auch farbige Modelle aus Papier oder gipsartigem Pulver, das mit Tintenstrahldüsen verbunden wird, sind möglich.

Je nach Material sind die Objekte brüchig, robust, flexibel oder starr, dünn oder dick. Ein Grund für das im Amateurbereich weit verbreitete „Schmelzverfahren" sind die niedrigen Kosten, die saubere Handhabung und die Materialeigenschaften.

Die Erstellung eines 3D-Modells

Für den Einstieg bietet sich beispielsweise das kostenlose Programm Sketchup (www.sketchup.com/de) an. Viele Benutzer erstellten nützliche Erweiterungen. Im Programm oder auf Youtube finden sich zahlreiche Anleitungen. Aus Grundformen wie Kugeln und Würfel lassen sich komplexere Modelle erstellen.

Ein Schiff entsteht in Sketchup: Aus Grundformen und dem Skalieren- und Ziehen-Werkzeug entsteht der Rumpf. Nach dem Druck wird das Schiff mit Modellbau- oder Nagellack bemalt.

Beim Druck muss beachtet werden, dass kein Bauteil zu dünn wird (mind. 0,7 Millimeter, besser 1–2 Millimeter). Ein Schiffsegel darf keine Fläche sein, sondern muss wie ein Kissen ein Volumen haben. Alternative Anwendungen sind beispielsweise Autodesk 123D, FreeCad oder das komplexe Blender, dass eigentlich für 3D-Animation gedacht ist.

Anwendung für jüngere Kinder

Auch wenn Technik und Software zunächst sehr technisch anmuten, ist es trotzdem sehr gut möglich, auch Kinder mit dem Thema vertraut zu machen.

Auf der Seite Thingiverse.com finden sich zahlreiche **fertige Objekte**, die sich zum Teil an eigene Bedürfnisse anpassen lassen. So kann man beispielsweise eigene Anhänger oder Plätzchenformen (thingiverse.com/thing:116042) entwerfen.

Online-Baukästen wie zum Beispiel 3DTin.com laufen im Browser und sind recht einfach zu bedienen. Das beliebte Spiel **Minecraft** eignet sich hervorragend, um Kindern das Prinzip der 3D-Modellierung zu vermitteln. Dort werden mit Klötzchen ganze Häuser und Landschaften erstellt. Mit *Printcraft, Minecraftprint* oder *Mineways* lässt sich solch ein Kunstwerk drucken.

In Minecraft lassen sich aus Klötzchen Häuser und Skulpturen erstellen. Neben Holz und Stein lassen sich auch Melonen und Lava für das Interieur verwenden.

Mit einer **Kinect-Kamera** der X-Box (ca. 100,00 €) und einem aktuellen Computer lassen sich größere Objekte und Kinder „**scannen**". Dazu wird z. B. Reconstructme.net benutzt, und die Kamera um das Kind bewegt oder ein Drehstuhl benutzt. Ohne Kinect gibt es Anbieter, die aus **Kamerabildern** 3D-Modelle erstellen (Autodesk 123D Catch, Cubify Capture, insight3D).

Mit der kostenlosen Software von Meshmixer.com lassen sich Modelle ausbessern und spaßige Korrekturen wie etwa Hasenohren einfügen. Netfabb.com bietet Software und Onlinedienste um Fehler automatisiert zu reparieren und hat zudem zahlreiche Bearbeitungs- und Filterfunktionen.

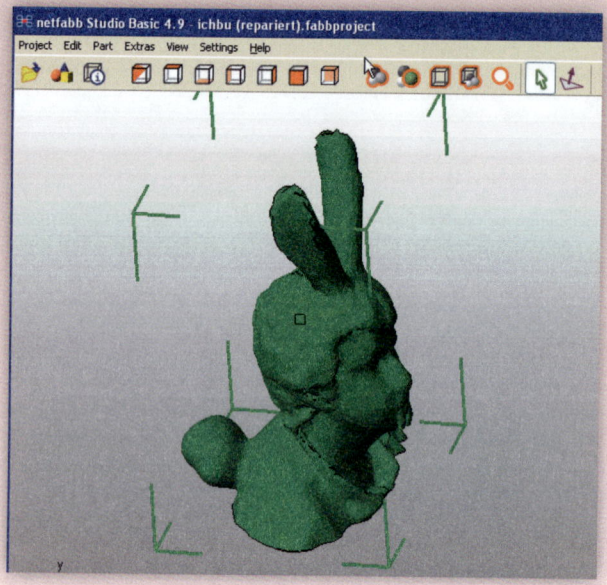

Eine Büste von einem Kinect-Scan wird mit Hasenohren erweitert.

Drucken lassen ...

Es gibt Dienstleister (Shapeways, iMaterialise, Ponoko, Staples und Sculpteo), die Modelle ab ca. 1,00 € pro Kubikzentimeter Material drucken. Einige bieten hochwertigen Materialien wie z. B. Gold und Keramik.

... und selber drucken

Für den Einsatz mit Kindern kommen nur die bis auf den heißen Extruder unproblematischen Plastik-Extruder infrage. Die Materialkosten sind mit ca. zwei Cent pro Gramm gering. Geräte wie den „Simple" (Printrbot.com) gibt es ab ca. 200,00 € (zzgl. 50,00 € Versand und 50,00 € Einfuhrumsatzsteuer). Dieser ist innerhalb von zwei Stunden mit einfachem Werkzeug aufgebaut. Fertige Geräte sind ca. 80,00 € teurer.

Hinsichtlich der Bedienung und der Minimierung des Zeitaufwands ist der „UP Mini" von www.PP3DP.com zu empfehlen. Kaum ein Drucker bietet eine so einfache Bedienung und Handhabung. Mit 800,00 € (1.000,00 € beim Kauf im Inland) sind die Kosten jedoch deutlich höher.

Im Gegensatz zum UP basieren viele von Elektronikversandhändlern angeboten Geräte auf dem RepRap-Projekt: Die Bedienung von Hard- und Software ist komplexer, Modifikationen und Reparaturen sind aber im Gegensatz zum „UP" möglich.

Weitere Informationen zu diesem komplexen Thema finden Sie in unserem Webshop im Downloadbereich.

1. Gehen Sie auf Thingiverse.com und suchen Sie ein Modell, das sich anpassen lässt („Customize"). Erstellen Sie ein personalisiertes Modell mit einem Text oder Muster.

Wissen + Verstehen

Keks-Ausstecher mit Smiley-Prägung

2. Nutzen Sie beispielsweise Sketchup oder eine der Online-3D-Anwendungen, um Ihren Namen mithilfe des 3D-Text-Werkzeugs auf eine 10 mal 50 Millimeter große Plakette zu schreiben. Fügen Sie ein Loch oder Ring an. Kein Teil darf dünner als 0,7 Millimeter sein und kein Element dünner als 1 Millimeter.

Wissen + Verstehen

Namensschilder können beispielsweise als geprägte Plakette oder 3D-Text entworfen werden.

3. Melden Sie sich bei einem der 3D-Druck-Dienste an, und vergleichen Sie für Ihre Modelle die Preise. Wie ändern sich die Kosten für eine kleinere oder dünnere Version (Volumenberechnung)? Größere Objekte, wie 3D-Scans (z. B. Büsten) lassen sich auf der Unterseite aushöhlen.

Wissen + Verstehen

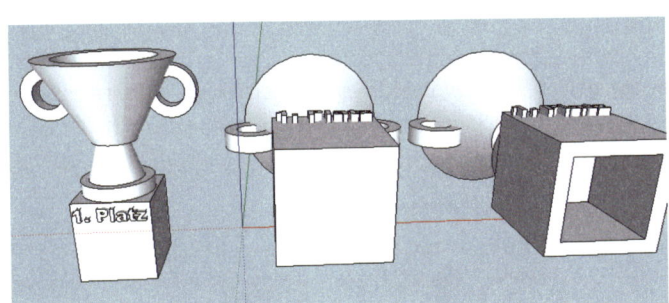

Der rechte Pokal mit hohlem Sockel ist deutlich günstiger herzustellen. Auch eine Aushöhlung mit kleinerem Loch ist möglich.

Gruppenpädagogik

1: Auseinandersetzung mit eigenen Gruppenerfahrungen

In der Gruppe sind vielfältige Erfahrungen möglich!

Das Schuljahr hat gerade begonnen. Im Schülerhort, in dem Sie Ihr Praktikum absolvieren, sind fast alle Kinder neu hinzugekommen. Sie beobachten folgende Szene:

Die Kinder treffen sich mit den Erzieherinnen im Stuhlkreis zur Kinderkonferenz. Es soll besprochen werden, was die Kinder im Freizeitprogramm – nach den Hausaufgaben – durchführen wollen. Die Erzieherinnen begrüßen die Kinder und erklären den neuen Kindern, dass das Freizeitprogramm im Hort ganz wesentlich durch die Kinder selbst und ihre Wünsche und Interessen gestaltet wird. Die Erzieherinnen hätten die Aufgabe, die Kinder bei der Umsetzung zu unterstützen. Heute gehe es darum, die Ideen der Kinder zu sammeln und miteinander zu beraten, wie diese umgesetzt werden können. Deshalb liege auch in der Kreismitte ein großes Plakat mit Stiften, auf denen die Ideen gesammelt und die Umsetzungsvorschläge notiert werden sollen.

Zunächst fragen die Erzieherinnen, welche zwei Kinder die Schriftführerrolle übernehmen wollen. Ihnen fällt auf, dass sich niemand meldet. Als die Erzieherinnen anbieten, dass sie die Kinder beim Aufschreiben unterstützen werden, sagen Marvin und Simona, dass sie bereit sind.

Nun fordern die Erzieherinnen die Kinder auf, ihre Ideen einzubringen und ihre Wünsche für das Freizeitprogramm zu äußern. Auch hier stellen Sie fest, dass die Kinder sehr zögerlich sind. Einzelne Kinder machen zwar Vorschläge, sagen aber immer gleich dazu, dass sie das nur wollen, wenn die anderen Kinder und die Erzieherinnen dem auch zustimmen. Sie nehmen wahr, dass die Kinder, wenn sie etwas sagen, sich an die Erzieherinnen wenden und nicht die anderen Kinder ansprechen.

Schließlich werden einzelne Vorschläge der Kinder von Marvin und Simona auf dem Plakat notiert. Als Simona, die erst in die zweite Klasse geht, „Schwimmbahd" schreibt, lachen zwei Jungs, die bereits in der vierten Klasse sind und meinen: „Das schreibt man doch ohne h!" Eine Erzieherin reagiert sofort und meint: „Da habt ihr zwar recht, aber wir sind gerade nicht in der Schule und ich finde es toll, dass Simona das Aufschreiben übernommen hat!"

Da alles sehr langsam geht, ist die zur Verfügung stehende Zeit schnell um, ohne dass ein fertiges Ergebnis vorliegt. Die Erzieherinnen vereinbaren mit den Kindern, in zwei Tagen sich erneut nach den Hausaufgaben zusammenzusetzen und daran weiterzuarbeiten.

Nach fünf Wochen, am Ende Ihres Praktikums, erleben Sie nochmals eine Kinderkonferenz der Hortgruppe mit. Ihnen fällt auf, dass jetzt eine ganz andere Atmosphäre herrscht. Während am Anfang alle sehr vorsichtig in ihren Äußerungen waren, streiten die Kinder nun über jeden einzelnen Punkt heftig. Einzelne in der Gruppe äußern sich besonders viel, andere sind ganz still. Und sie beobachten, dass wenn Bahar oder Svantje etwas sagen, die anderen Kinder sofort zuhören. Während Marc Ihnen dadurch auffällt, dass er nie ruhig sitzen kann und ständig witzige Bemerkungen über andere macht.

Im Gespräch mit Ihrer Anleiterin sprechen Sie Ihre Beobachtungen an und äußern sich sehr verwundert, dass sich die Gruppe innerhalb von fünf Wochen so verändert hat. Sie fragen sich, wie sich dies erklären lässt. Ihre Anleiterin meint, dass dies bei Gruppen ganz normal sei. Und die Hortgruppe sein nun eben in der Macht-Kampf-Phase.

Jetzt entwickeln sich viele Fragen zum Thema Gruppenpädagogik, u. a.:

→ Wie können Erzieherinnen die einzelnen Gruppenphasen sinnvoll begleiten?

→ Wie bilden sich Rollen in Gruppen heraus? Was sollten Erzieherinnen hier beachten?

Sie beginnen auch über Ihre eigene Rolle in unterschiedlichen Gruppen nachzudenken und erkennen, dass es sinnvoll ist für angehende Erzieherinnen, dies genauer zu reflektieren.

↘ KOMPETENZEN

→ *Die Absolventinnen und Absolventen verfügen über breites und integriertes Wissen über Gruppenpsychologie sowie über die Gruppenarbeit als klassische Methode der Sozialpädagogik.*

→ *Die Absolventinnen und Absolventen verfügen über grundlegendes und exemplarisch vertieftes Fachwissen über Bedienungsfaktoren und Gruppenverhalten und -einstellungen aus der Sicht verschiedener Vielfaltaspekte (z. B. Geschlecht, Entwicklungsstand, soziale Herkunft, Kultur, Religion).*

1 Positive Gruppenerfahrung

Reflexion

→ *Bd. 2 S. 173*

Sie gehörten in Ihrem bisherigen Leben sehr vielen unterschiedlichen Gruppen an. Und so unterschiedlich die Gruppen waren, so vielfältig waren auch sicher Ihre Erfahrungen in diesen Gruppen. Wählen Sie eine Gruppe aus, der Sie einmal angehört haben oder derzeit angehören und in der Sie **positive** Erfahrungen gemacht haben. Versuchen Sie, die nachfolgenden Fragen zu beantworten.

a) Beschreiben Sie die Gruppe, mit der Sie diese positiven Erfahrungen verbinden.

_____

_____

b) Wie würden Sie das Zusammengehörigkeitsgefühl in der Gruppe beschreiben?

_____

_____

_____

_____

c) Wie lange existierte die Gruppe?

_____

_____

_____

_____

d) Beschreiben Sie, wie die Beziehungen unter den Gruppenmitgliedern gepflegt wurden:

_____

_____

_____

_____

GRUPPENPÄDAGOGIK

e) Was waren die gemeinsamen Gruppenziele? Wurden diese Gruppenziele explizit benannt oder wurde darüber nicht offen gesprochen? Wer legte die Gruppenziele fest?

___
___
___
___

f) Welche Normen, Werte und Regeln galten in dieser Gruppe? Wer legte die Regeln fest? Wie bildeten sich die Normen und Werte heraus?

___
___
___
___

g) Gab es markante Punkte in der Geschichte dieser Gruppe? Wenn ja, welche Punkte waren dies? Wie wirkten sie sich auf das weitere Geschehen in dieser Gruppe aus?

___
___
___
___

h) Welche Gruppentraditionen bildeten sich im Laufe der Zeit heraus?

___
___
___
___

i) Welche Rollen gab es in Ihrer Gruppe? Waren die Rollen sehr stabil oder gelang es einzelnen Gruppenmitgliedern, unterschiedliche Rollen wahrzunehmen?

___
___
___
___

Reflexion

2 Tauschen Sie sich anschließend mit drei weiteren Studierenden über diese Gruppenerfahrungen aus.

Halten Sie schriftlich fest, was Ihnen im Austausch mit den Mitstudierenden aufgefallen ist. Gehen Sie besonders darauf ein, warum die Gruppenerfahrung in dieser Gruppe so positiv war und leiten Sie miteinander daraus allgemeine Aussagen ab, wann Gruppen positiv erlebt werden.

Wählen Sie zum Schluss in Ihrer Kleingruppe miteinander einen Aspekt aus, den Ihre Gruppe in der ganzen Klasse vorstellen will.

Reflexion

→ *Bd. 2 S. 173*

3 Negative Gruppenerfahrung

Sie gehörten in Ihrem bisherigen Leben sehr vielen unterschiedlichen Gruppen an. Und so unterschiedlich die Gruppen waren, so vielfältig waren auch sicher Ihre Erfahrungen in diesen Gruppen. Wählen Sie eine Gruppe aus, der Sie einmal angehört haben oder derzeit angehören und in der Sie **negative** Erfahrungen gemacht haben. Versuchen Sie, die nachfolgenden Fragen zu beantworten.

1: Auseinandersetzung mit eigenen Gruppenerfahrungen

a) Beschreiben Sie die Gruppe, mit der Sie diese negativen Erfahrungen verbinden.

b) Wie würden Sie das Zusammengehörigkeitsgefühl in der Gruppe beschreiben?

c) Wie lange existierte die Gruppe?

d) Beschreiben Sie, wie die Beziehungen unter den Gruppenmitgliedern gepflegt wurden:

e) Was waren die gemeinsamen Gruppenziele? Wurden diese Gruppenziele explizit benannt oder wurde darüber nicht offen gesprochen? Wer legte die Gruppenziele fest?

f) Welche Normen, Werte und Regeln galten in dieser Gruppe? Wer legte die Regeln fest? Wie bildeten sich die Normen und Werte heraus?

g) Gab es markante Punkte in der Geschichte dieser Gruppe? Wenn ja, welche Punkte waren dies? Wie wirkten sie sich auf das weitere Geschehen in dieser Gruppe aus?

GRUPPENPÄDAGOGIK

h) Welche Gruppentraditionen bildeten sich im Laufe der Zeit heraus?

_____
_____
_____
_____

i) Welche Rollen gab es in Ihrer Gruppe? Waren die Rollen sehr stabil oder gelang es einzelnen Gruppenmitgliedern, unterschiedliche Rollen wahrzunehmen?

_____
_____
_____
_____
_____
_____

Reflexion

4 Tauschen Sie sich anschließend mit drei weiteren Studierenden über diese Gruppenerfahrungen aus.

Halten Sie schriftlich fest, was Ihnen im Austausch mit den Mitstudierenden aufgefallen ist. Gehen Sie besonders darauf ein, warum die Gruppenerfahrung in dieser Gruppe so negativ war und leiten Sie miteinander daraus allgemeine Aussagen ab, wann Gruppen negativ erlebt werden.

Wählen Sie zum Schluss in Ihrer Kleingruppe miteinander einen Aspekt aus, den Ihre Gruppe in der ganzen Klasse vorstellen will.

Reflexion

5 Lesen Sie den Abschnitt zu den unterschiedlichen Gruppenarten in „Kein Kinderkram!", Band 2, S. 173 f. Erstellen Sie eine Übersicht über die Gruppen, in denen Sie zurzeit Mitglied sind.

Ordnen Sie nun diese verschiedenen Gruppen den unterschiedlichen Arten von Gruppen zu.

> Ordnen Sie hier nun die verschiedenen Gruppen zu, in denen Sie Mitglied sind. Markieren Sie die Gruppen, in denen Sie freiwillig Mitglied sind rot und die Gruppe, in der Sie unfreiwillig Mitglied sind blau.

Kleingruppe:	Großgruppe:

Primärgruppe:	Sekundärgruppe:

Ingroup:	Formelle Gruppe:

Informelle Gruppe:

28

2: Gruppendynamische Aspekte

Jeder Mensch verfolgt unterschiedliche Ziele, wenn er Mitglied in einer Gruppe wird. Dieser persönliche Zielpool setzt sich aus solchen Zielen zusammen, die dem Einzelnen wichtig sind. Zunächst wird in sachliche und zwischenmenschliche Ziele unterschieden. Sachliche Ziele beziehen sich auf die Inhalte der Gruppenaktivität: „Was wollen wir tun?" Zwischenmenschliche Ziele betreffen hingegen die Qualität des Miteinanders: „Wie gehen wir miteinander um?" *(Stahl, 2007, S. 4)*.

Die verschiedenen Ziele haben jeweils eine unterschiedliche Bedeutung. Einzelne Ziele sind Ihnen besonders wichtig, andere hingegen verfolgen Sie nachrangig. Würden die zentralen Ziele sich in Ihrer Gruppe nicht verwirklichen lassen, würde die Gruppe deutlich an Bedeutung für Sie verlieren.

↘ **KOMPETENZEN**

→ *Fertigkeiten, Gruppenverhalten, Gruppenprozesse, Gruppenbeziehungen und das eigene professionelle Handeln systematisch zu beobachten, zu analysieren und zu beurteilen.*

1 **Der persönliche Zielpool**

Analyse + Bewertung

a) Wählen Sie eine Gruppe aus, in der Sie zurzeit Mitglied sind. Beschreiben Sie die Gruppe kurz.

b) Überprüfen Sie Ihren persönlichen Zielpool in dieser Gruppe und halten Sie Ihre Ziele hier schriftlich fest. Nehmen Sie eine Hierarchisierung der Ziele vor. Setzen Sie die für Sie wichtigsten Ziele ganz nach oben und die am wenigsten bedeutenden Ziele ganz nach unten.

c) Markieren Sie alle Ziele, bei denen es sich um sachliche Ziele handelt mit einem S und alle Ziele, die den zwischenmenschlichen Bereich betreffen mit einem M.

d) Überlegen Sie, welche Ihrer persönlichen Ziele von anderen Gruppenmitgliedern geteilt werden. Woran konnten Sie dies erkennen?

Mein persönlicher Zielpool in der Gruppe: _____

Folgende Ziele sind mir in dieser Gruppe wichtig:

1. _____ S M
2. _____ S M
3. _____ S M
4. _____ S M
5. _____ S M
6. _____ S M
7. _____ S M

Folgende Ziele werden auch von anderen Gruppenmitgliedern geteilt:

Ziel 1:

An folgenden Punkten konnte ich dies erkennen:

→

→

→

GRUPPENPÄDAGOGIK

Ziel 2:

An folgenden Punkten konnte ich dies erkennen:

→

→

→

Ziel 3:

An folgenden Punkten konnte ich dies erkennen:

→

→

→

2 Der Gruppenzielpool

Die Ziele der einzelnen Gruppenmitglieder kommen im Gruppenzielpool zusammen. Sehr schnell wird sich herausstellen, welche Ziele übereinstimmend sind und bei welchen Zielen die einzelnen Gruppenmitglieder nur teilweise oder gar keine Übereinstimmung finden. Natürlich können einzelne Ziele im Laufe des Gruppenprozesses von anderen Gruppenmitgliedern übernommen werden. Stahl spricht beim Gruppenziel von einem komplexen und dynamischen System: „Die im Gruppenzielpool schwimmenden Ziele bilden wie Fische im Aquarium ein System, d. h. sie sind miteinander verbunden, wirken aufeinander ein und lassen so im Verlauf des Miteinandertuns ein einzigartiges unverwechselbares Beziehungsgeflecht entstehen." *(Stahl, 2007, S. 9)*

a) Was wissen Sie über die Ziele der anderen Gruppenmitglieder? Halten Sie zunächst die Ziele fest, die von allen Gruppenmitgliedern verfolgt werden. Beschreiben Sie, woran Sie erkennen konnten, dass dies die gemeinsamen Gruppenziele sind (z. B. wurde dies schriftlich festgehalten oder darüber gesprochen oder anderes?) Überprüfen Sie dann, welche Ziele nur einzelnen Gruppenmitgliedern wichtig sind und wie viele dies sind.

b) Gemeinsame Gruppenziele sind:

1.

2.

3.

Die folgenden Ziele sind nur einzelnen (wie vielen?) Gruppenmitgliedern wichtig:

1.

2.

3.

3 Gruppendynamik und Gruppendruck

Die Experimente des Sozialpsychologen Solomon Asch (1907–1996) haben gezeigt, dass Menschen sich in Gruppen oft entgegen ihrer eigenen Meinung und Haltung so verhalten, wie es die Mehrheit in der Gruppe vorgibt. Gleichzeitig wissen wir, dass keine Gruppe funktioniert, wenn die Gruppenmitglieder nicht ein gewisses Maß an Anpassung mit sich bringen.

Die Ergebnisse von Aschs Untersuchungen lassen sich wie folgt darstellen:

2: Gruppendynamische Aspekte

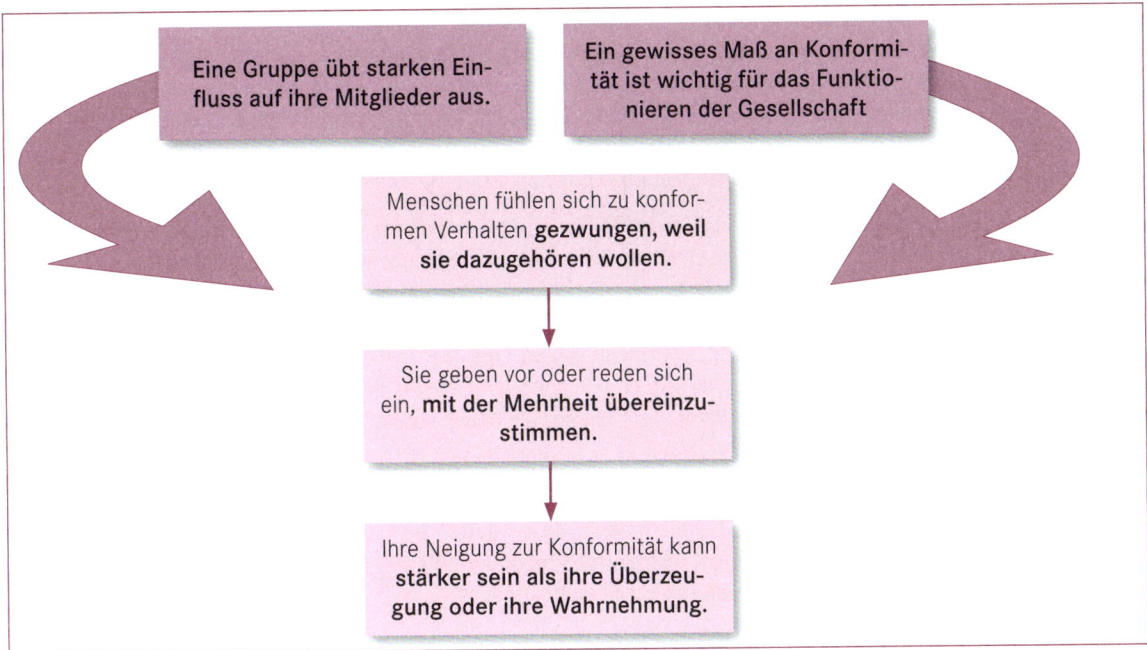

(Skizze aus: Collin, Catherine u. a. 2012, S. 225)

a) Suchen Sie sich eine Gruppe aus, in der Sie einmal erlebt haben, dass Sie einer Position zugestimmt haben, obwohl Sie eigentlich anderer Meinung waren. Beschreiben Sie die Situation und stellen Sie dar, wie Ihre eigentliche Position in diesem Moment war.

b) Überlegen Sie, was Sie dazu veranlasst hat, sich dem Gruppendruck zu beugen. Gründe können z. B. sein, dass die wichtigsten Gruppenmitglieder diese Position vertreten haben oder dass der Gruppenleiter bzw. die Gruppenleiterin diese Position bevorzugte. Vielleicht gab es aber auch ganz andere Gründe.

c) Halten Sie Ihre Überlegungen schriftlich fest.

_____
_____
_____
_____
_____
_____

d) Tauschen Sie sich mit einer Mitstudierenden aus Ihrer Klasse darüber aus. Überlegen Sie anschließend miteinander, was es Ihnen ermöglicht hätte, doch die eigene Position zu vertreten. Welche Bedingungen hätten dafür vorherrschen müssen?

4 Gruppendruck und Konformität

Wissen + Verstehen

Konform im Kindergarten

Bereits Vierjährige unterwerfen sich wider besseres Wissen dem Gruppenzwang.

Wer als Vater und Mutter die Widerstandskraft und Schreigewalt von teilsozialisierten, kleinen Kindern etwa bei der Einschätzung von Kleiderfragen erlebt, mag kaum glauben, dass diese sich sonderlich konform verhalten können. Doch offenbar zählen Gleichaltrige im Kindergarten mehr als die Eltern, wie eine Studie von Daniel Haun und Michael Tomasello vom Max-Planck-Institut für die Evolutionäre Anthropologie in Leipzig *(Child Development, online)* nahelegt. Ihre Wiederholung eines klassischen Konformitäts-Experiments an 96 Vierjährigen zeigt, dass die Kinder sich durchaus dem Gruppendruck beugen, obwohl sie es besser wissen.

Im ersten Teil der Studie erhielten jeweils vier Kinder scheinbar identische Bilderbücher mit 30 Doppelseiten, auf denen links Tierfamilien abgebildet waren. Auf der rechten Seite befand sich jeweils ein Mitglied dieser Familie,

GRUPPENPÄDAGOGIK

> das benannt werden sollte: Papa, Mama oder Kind. Obwohl die Versuchskinder dachten, dass alle Bücher gleich aufgebaut seien, war dies nur bei dreien der Fall. Im vierten Buch war auf einigen rechten Seiten ein anderes Bild zu sehen, sodass ein Kind gelegentlich in Widerspruch zur Gruppe geraten musste. Es ergab sich, dass diese Kinder wider besseres Wissen meist der Mehrheitsmeinung folgten: Von 24 Kindern mit dem anders präparierten Buch passten sich 18 Kinder zumindest manchmal an.
>
> In einem zweiten Experiment untersuchten die Forscher, wodurch dieses konforme Verhalten verursacht wurde. Diesmal sollten die Kinder die richtige Lösung entweder laut aussprechen oder lediglich auf der linken Buchseite das richtige Familienmitglied zeigen. Dabei war der Raum so gestaltet, dass nur der Versuchsleiter, nicht aber die anderen Kinder die Geste sehen konnte. Diesmal zeigte sich ein wichtiger Unterschied: Von 18 Kindern, die der Minderheit in den Gruppen angehörten, folgten zwölf der Mehrheit, wenn sie ihre Wahl laut aussprechen mussten. Beim stillen Zeigen waren es jedoch nur noch acht, selbst dann, wenn die drei anderen sprachen. Dies werten die Forscher als Beleg dafür, dass der soziale Druck stärker wirkte, wenn die Kinder ihre Meinung öffentlich machen mussten.
>
> Die Experimente bestätigen bei Vorschulkindern, was der Sozialpsychologe Solomon Asch bereits 1951 bei Erwachsenen in einem ähnlichen Experiment demonstriert hatte. Asch brachte Versuchsteilnehmer dazu, dass sie der Einschätzung anderer, von ihm instruierter Probanden folgten, wenn es darum ging, die Länge einer Referenzlinie im Vergleich zu drei weiteren Linien zu beurteilen.
>
> (Christian Weber, In: Süddeutsche Zeitung vom 26. Oktober 2011)

a) Fassen Sie die wesentlichen Aussagen dieses Textes für sich zusammen.

b) Tauschen Sie sich über die Kernaussagen in einer Kleingruppe mit drei Mitstudierenden aus.

c) Überlegen Sie, welche pädagogischen Konsequenzen sich aus den Ergebnissen dieser Studie ableiten lassen. Formulieren Sie mindestens drei Thesen, wie Erzieherinnen im Kindergarten Kinder stärken können, eine eigene Position in der Gruppe zu vertreten, und begründen Sie diese. Stellen Sie eine These in der Klasse vor und diskutieren Sie diese mit den anderen Mitstudierenden.

_____
_____
_____
_____
_____
_____
_____

5 Gruppendruck und Vielfalt

Sie haben sich intensiv mit dem Problem des Gruppendrucks beschäftigt und unterschiedliche Gruppen daraufhin analysiert. Für Erzieherinnen ist es nun entscheidend, dass sie in der Lage sind eine Atmosphäre zu schaffen, die es den einzelnen Gruppenmitgliedern ermöglicht, eine eigene Position zu vertreten, auch wenn sie abweichend von der Gruppenmehrheit ist. Ob der Druck in einer Gruppe sich entfalten kann, hängt von vielerlei Faktoren ab. Es muss nicht unbedingt die Mehrheit in einer Gruppe sein, die Druck ausübt. Auch einzelne Gruppenmitglieder können einen enormen Druck aufbauen, der die Mehrheit veranlasst, diesem Druck nachzugeben. „Es sind komplizierte und vielschichtige Prozesse, die da ablaufen. Sie können letztendlich nur dann angegangen werden, wenn die Gruppenmitglieder lernen, sich in ihrer Verschiedenartigkeit zu akzeptieren und Unterschiede im Denken und Fühlen als ‚normal' und gewinnbringend anzusehen. Dann kann ein Teil der Angst vor Fremdem, Neuem und Anderem abgebaut werden, und Druck/Anpassung ist nicht mehr in so starkem Maße nötig." (Klein, 2012[13], S. 35)

Analyse + Bewertung

a) Gehen Sie gedanklich in Ihr letztes Praktikum zurück. Überprüfen Sie, wo in dieser Gruppe sichtbar bzw. für die Kinder gut erkennbar wurde, dass Verschiedenartigkeit erwünscht ist. Überprüfen Sie dabei nicht nur Äußerlichkeiten, sondern auch die Regeln und Normen der Gruppe. Wie tragen diese dazu bei, Verschiedenartigkeit zu fördern?

b) Analysieren Sie das Verhalten Ihrer Anleiterin und der anderen Erzieherinnen daraufhin, wie dieses dazu beitrug, dass die Kinder erkennen konnten, dass unterschiedliche Gefühle und Gedanken geäußert werden können.

An Folgendem wird für mich deutlich, dass Verschiedenartigkeit in der Kindergruppe erwünscht ist:

c) Überlegen Sie in einer Kleingruppe gemeinsam, mit welchen konkreten Verhaltensweisen eine Erzieherin gegenüber den Kindern deutlich machen kann, dass Unterschiedlichkeit und Vielfalt im Gruppenalltag erwünscht ist.

Planung + Konzeption

d) Überlegen Sie, wie unterschiedliche Vielfaltsaspekte wie Geschlecht, Entwicklungsstand, Kultur und Religion gruppenpädagogisch genutzt werden und zeigen können, dass auf Verschiedenartigkeit in der Gruppe geachtet wurde. Beschreiben Sie gemeinsam, wie Erzieherinnen dazu beitragen können, dass Kinder in Gruppensituationen eine eigene Position vertreten.

An diesen Verhaltensweisen von Erzieherinnen können Kinder in Gruppensituationen gut erkennen, dass Unterschiedlichkeit und Vielfalt erwünscht sind:

1.

2.

3.

4.

Erzieherinnen können durch folgende Maßnahmen dazu beitragen, dass Kinder in Gruppensituationen eine eigene Meinung vertreten:

1.

2.

3.

4.

GRUPPENPÄDAGOGIK

Fragebogen zur Beachtung von Vielfaltsaspekten:

Auf diese Aspekte wird bei uns in der Tageseinrichtung geachtet:

→ Jungs und Mädchen kommen gleichermaßen zu Wort.   Ja | Nein

→ In Gesprächsrunden wird darauf geachtet, dass alle Kinder zu Wort kommen. Kinder erhalten genügend Zeit zum Nachdenken.   Ja | Nein

→ Den jüngeren Kindern wird besonderer Raum eingeräumt, in dem sie sich äußern können.   Ja | Nein

→ Kinder werden aufgefordert, einander aufmerksam zuzuhören.   Ja | Nein

→ Kinder erfahren durch Bilder, Bilderbücher, Gespräche oder Berichte, dass der Alltag in den Familien unterschiedlich sein kann.   Ja | Nein

→ Die unterschiedlichen Familienformen, aus denen die Kinder kommen, werden durch eine sogenannte Familienwand mit Fotos und Texten dargestellt.   Ja | Nein

→ Unterschiedliche religiöse Feste und Bräuche spielen regelmäßig im Gespräch mit den Kindern eine wichtige Rolle.   Ja | Nein

→ Unterschiedliche Musikinstrumente, CDs mit verschiedenen Musikstilen und Musik aus vielerlei Kulturen sind vorhanden.   Ja | Nein

→ In der Literacy-Ecke ist das Alphabet in unterschiedlichen Schriftsprachen abgebildet und es gibt auch zweisprachige Bilderbücher.   Ja | Nein

→ Auf entwicklungsspezifische Bedürfnisse wird differenziert eingegangen.   Ja | Nein

→ Im Rollenspielbereich wird den Kindern Kleidung und Material aus unterschiedlichen Kulturen angeboten.   Ja | Nein

→ ????

6 Rollen in Gruppen

„In der Gruppenliteratur werden Rollen häufig beschrieben und aufgegliedert in ihrer Funktion/Bedeutung im Prozess der Gruppe. So gibt es:

→ Rollen, die mehr auf die Aufgabenbewältigung einer Gruppe gerichtet sind: Vorschläge machen, sammeln, fragen, zusammenfassen, informieren, strukturieren, koordinieren, antreiben usw. – Diese Rollen müssen übernommen werden, wenn in der Gruppe eine Aufgabe ansteht und erledigt werden soll. Wenn keiner bereit ist diese Verhaltensweisen zu praktizieren, können Aufgaben nicht zum Abschluss kommen.

→ Rollen, die mehr auf den Bestand der Gruppe gerichtet sind: ermutigen, Verständnis untereinander herstellen oder darum werben, zum Hinhören auffordern, Spannungen aufgreifen und abbauen, schwierige Situationen überbrücken, einen Angegriffenen schützen, zuhören und auf jemanden eingehen, einen Gedanken von jemand anderem aufgreifen, eine Störung ansprechen usw. Diese Rollen müssen übernommen werden, wenn in der Gruppe Kommunikation untereinander entstehen soll und Beziehung aufgebaut wird. Wenn niemand da ist, der bereit ist, solche Verhaltensweisen zu praktizieren, ist ein Zusammenleben in der Gruppe nicht möglich.

→ Sogenannte ‚negative' Rollen: Diese Rollen werden so genannt, weil sie Verhaltensweisen beschreiben, die den Arbeitsprozess oder die Gruppenkommunikation stören und hemmen. Sie helfen der Gruppe somit wenig bei ihrer Weiterentwicklung. Beispiele sind: feindselig sein, andere entwerten, sticheln, rivalisieren, blockieren, sich konstant verweigern, ständig den Clown spielen, das Gespräch an sich reißen usw." *(Klein, 2012[13], S. 37)*

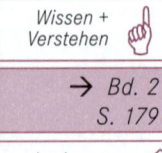
→ Bd. 2 S. 179

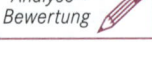

a) Vergleichen Sie die Einteilung der Gruppenrollen, die Irene Klein vornimmt, mit der Rolleneinteilung von Eberhard Stahl. Lesen Sie hierzu den Text „Gruppendynamische Rollen" in „Kein Kinderkram!". Worin bestehen die Unterschiede in der Einteilung der beiden Autoren? Welche Einteilung erscheint Ihnen selbst sinnvoller und warum? Begründen Sie Ihre Überlegungen fachlich!

b) Wählen Sie drei verschiedene Gruppen aus, in denen Sie Mitglied sind oder waren. Überprüfen Sie, welche Rollen Sie in diesen Gruppen eingenommen haben. Klären Sie für sich, ob Sie sich in diesen Rollen wohlgefühlt haben.

→ Was hat dazu beigetragen, dass Sie sich wohlfühlten?

→ Was hat dazu beigetragen, dass Sie sich unwohl fühlten?

→ Waren es selbstgewählte oder zugewiesene Rollen? Welche Auswirkung hatte dies auf Ihre Befindlichkeit in diesen Rollen?

c) Suchen Sie eine Kindergruppe aus, die Sie in einem Praktikum kennenlernen konnten. Teilen Sie die Kinder erst in die drei Rollengruppen ein, die I. Klein benannt hat. Nehmen Sie anschließend die Rolleneinteilung von E. Stahl vor und teilen Sie die Kinder in die vier Rollentypen ein. Vergleichen Sie anschließend die Einteilung. Was hat sich verändert? Welche Einteilung entspricht mehr Ihrem Eindruck von der Gruppe?

Analyse + Bewertung

d) Menschen nehmen unterschiedliche Rollen ein. Ein Problem bei der Übernahme von Rollen ist, wenn wir darauf festgelegt werden und nicht mehr aus dieser Rolle herauskommen. So wird Ercan immer in der Hortgruppe als der Junge angesehen, der gute Ideen einbringt und auch dafür sorgt, dass sie umgesetzt werden, dabei würde er gerne einfach nur mal so dabei sein. Überlegen Sie miteinander, was Erzieherinnen dafür tun können, damit Kinder nicht immer in der gleichen Rolle wahrgenommen werden. Tauschen Sie sich anschließend darüber in der Klasse aus.

Planung + Konzeption

Kurzbeschreibung der Kindergruppe

Diese Kindergruppe wähle ich aus:

Rolleneinteilung nach Irene Klein	Folgende Kinder würde ich diesem Rollentyp zuordnen und begründe dies wie folgt:
Rollen zur Aufgabenbewältigung: „Vorschläge machen, sammeln, fragen, zusammenfassen, informieren, strukturieren, koordinieren, antreiben" *(Klein, 2012[13], S. 35)*, Ideen einbringen usw.	
Rollen, die der Bestandserhaltung der Gruppe dienen: „ermutigen, Verständnis untereinander herstellen oder darum werben, zum Hinhören auffordern, Spannungen aufgreifen und abbauen, schwierige Situationen überbrücken, einen Angegriffenen schützen, zuhören und auf jemanden eingehen, einen Gedanken von jemand anderem aufgreifen, eine Störung ansprechen" *(ebenda)*	

GRUPPENPÄDAGOGIK

Rolleneinteilung nach Irene Klein	Folgende Kinder würde ich diesem Rollentyp zuordnen und begründe dies wie folgt:
Sogenannte „negative" Rollen: „die den Arbeitsprozess oder die Gruppenkommunikation stören und hemmen" (ebenda), bei Gesprächsrunden lachen oder stören, gerne herumalbern, „feindselig sein, andere entwerten, sticheln, rivalisieren, blockieren, sich konstant verweigern, ständig den Clown spielen, das Gespräch an sich reißen" *(Klein, 2012[13], S. 35)*	
Der inoffizielle Führer: haben einen zentralen Platz in der Gruppe und repräsentieren die wichtigen Themen der Gruppe, fallen durch ihre Leistung, die sie für die Gruppe erbringen, positiv auf „Sie bringen Ideen ein, übernehmen Aufgaben und verfügen über sprachliche Kompetenzen." *(kein Kinderkram, Band 2, S. 179)*	
Der Mitläufer: verhalten sich zurückhaltend, sagen selten ihre eigene Meinung offen, ändern auch die eigene Meinung, wenn sich das Gruppenklima oder die Themen ändern, bringen keine eigenen Ideen ein oder übernehmen selten von sich aus Verantwortung	
Der Außenseiter: befinden sich am Rand der Gruppe, fühlen sich aber trotzdem zugehörig, die Gruppe akzeptiert sie und deren Themen; Außenseiter werden von außen oft negativ angesehen, dabei kann es die Gruppe selbst durchaus anders erleben.	
Der Sündenbock: Er repräsentiert alle Themen, mit denen sich die Gruppe gerade nicht auseinandersetzen will. Es sind meist Themen, die den einzelnen Gruppenmitgliedern unangenehm sind.	

7 Konflikte in Gruppen

a) Lesen Sie sich den folgenden Text durch. Fassen Sie danach in eigenen Worten zusammen, wie mit Konflikten in Gruppen umgegangen wird.

Wissen + Verstehen

> „Als solche Anzeichen gelten:
> - → Mitglieder sind ungeduldig miteinander
> - → Affektgeladenes Argumentieren
> - → Vorschläge werden kritisiert noch bevor sie ganz ausgesprochen sind
> - → Mangel an Zuhörbereitschaft
> - → Mitglieder nehmen Partei und weigern sich nachzugeben
> - → Mitglieder können sich nicht über Pläne und Vorschläge einigen
> - → Mitglieder greifen sich gegenseitig auf subtile Weise persönlich an (Anklagen)
> - → Mitglieder bewerten die Gruppe und ihre Fähigkeiten als negativ
> - → Mitglieder sind nicht bereit, aufeinander einzugehen (Mangel an Kompromissbereitschaft)"
>
> *(Metzinger, 1999, S. 49)*

Wie nun mit einzelnen Konflikten in einer Gruppe umgegangen wird, hängt zum einen von der Geschichte und den Vorerfahrungen der Gruppenmitglieder ab, und zum anderen spielt hier die Gruppenleiterin eine wichtige Rolle. Je besser die Beziehungen der Gruppenmitglieder untereinander sind, umso eher gelingt es ihnen, mit Konflikten angemessen umzugehen.

Umgangsmöglichkeiten mit Konflikten

Die folgenden Umgangsmöglichkeiten mit Konflikten lassen sich besonders häufig in Gruppen beobachten:

„(1) Vermeidung

Wenn die Gruppe eher an der Oberfläche agiert, werden meist keine schwerwiegenden Konflikte ausbrechen. Die Gruppe lässt die Gegenpartei unbeachtet oder fügt sich ihr sofort, Konflikte werden geleugnet, vertuscht, verharmlost und verdrängt.

(2) Eliminierung (Ausschluss)

Ein Mitglied oder mehrere, das bzw. die sich in Opposition zur Gruppe befinden, werden ausgeschlossen. Um den Ausschluss der Unterlegenen zu erreichen, werden Mittel angewandt wie: physische Gewalt (oft unter Kinder und Jugendlichen üblich), Diffamieren, Intrige, Spott, Kaltstellen, Ignorieren und Schweigen.

(3) Unterdrückung

Die Mehrheit, die stärkste Untergruppe oder eine Einzelperson mit hohem Rang zwingt die anderen, ihrer Position zuzustimmen und zu übernehmen. Die Opposition, eine Untergruppe oder die Minorität wird durch den Missbrauch von Macht beherrscht und unterworfen sowie in Angst, Gehorsam und Abhängigkeit gehalten. Diese autoritäre Lösung kann jedoch im Laufe der Zeit Widerstände, Spannungen und Feindseligkeiten so stark entfachen, dass es zum Auseinanderfallen der Gruppe kommt.

(4) Zustimmung

Die Majorität beherrscht das Gruppengeschehen, aber die Minorität leidet nicht unter einem Unterlegenheitsgefühl und ist mit der gegebenen Situation einverstanden.

(5) Zusammenschluss (Allianz)

Die sich gegenüberstehenden Parteien halten an ihren Positionen fest, gehen aber ein Zweckbündnis ein, um zu einem bestimmten gemeinsamen Ziel zu kommen. Der Konflikt bleibt erhalten und ungelöst. Er wird für eine gewisse Zeit ruhig gestellt, bis das angestrebte Ziel verwirklicht ist. Der Konflikt kann danach erneut aufleben, wenn er sich als weiterhin unverändert aktuell herausstellt.

(6) Kompromiss

Wenn die streitenden Untergruppen etwa gleich stark sind, macht jede Partei Abstriche am eigenen Standpunkt. Gleichzeitig werden durch wechselseitige Zugeständnisse Vereinbarungen getroffen. Diese Einigung zwischen den verschiedenen Positionen der Beteiligten erhält die Handlungsfähigkeit oder die Einheit der Gruppe. Die Notwendigkeit zum Kompromiss wird meist von den Gruppenmitgliedern eingesehen. Doch kann der ausgehandelte Vergleich wenig Befriedigung auslösen, wenn sich eine Partei benachteiligt sieht, weil sie mehr an Positionen aufgegeben hat als die andere.

GRUPPENPÄDAGOGIK

> **(7) Integration**
>
> Diese Konfliktlösung ist die reifste, aber auch die am wenigsten praktizierte Form. Die Konfliktparteien setzen sich zusammen und besprechen die Probleme und widersprechenden Auffassungen. Die verschiedenen Meinungen der Mitglieder werden eingebracht und diskutiert, wobei auch die Konflikte reflektiert und deren Ursachen analysiert werden. Die gesamte Gruppe erarbeitet eine Lösung, die alle zufriedenstellt und besser ist als vorangegangene Vorschläge." *(Metzinger, 1999, S. 50 f.)*

Zusammenfassung:

_____

_____

_____

_____

_____

_____

_____

_____

Reflexion

b) Reflektieren Sie zunächst unterschiedliche Konfliktsituationen in Gruppen, die Sie selbst erlebt haben. Überlegen Sie, wie Sie in diesen Situationen reagiert haben. Zeigt sich hier für Sie ein Muster, nach dem Sie häufig ähnlich reagieren? Oder sind Ihre Reaktionen sehr unterschiedlich? Wovon hängt es ab, wie Sie in den einzelnen Konfliktsituationen reagieren? Wie reagieren Sie auf Konflikte in Gruppen mit anderen Erwachsenen? Unterscheidet sich dies zu Ihrer Reaktion auf Konflikte, wenn Sie selbst als Gruppenleiterin in Kindergruppen damit konfrontiert werden? Woran liegt dies? Wie erklären Sie sich diese unterschiedliche/gleiche Reaktion? Halten Sie hierzu Ihre Überlegungen schriftlich fest.

_____

_____

_____

_____

_____

_____

_____

_____

_____

→ *Bd. 2 S. 176 ff.*

Wissen + Verstehen

Arbeiten Sie für sich den Text in „Kein Kinderkram!" zu den einzelnen Gruppenphasen durch. Überlegen Sie, in welchen Gruppenphasen Konflikte besonders häufig auftreten und in welchen sie vermieden werden.

_____

_____

_____

_____

2: Gruppendynamische Aspekte

c) Setzen Sie sich mit drei Mitstudierenden zusammen und reflektieren Sie das bisherige Zusammensein in der Klasse. Überlegen Sie, welche Konflikte bisher in der Klasse aufgetreten sind und wie mit ihnen umgegangen wurde. Wählen Sie einen Konflikt aus. Beschreiben Sie kurz, um was es in diesem Konflikt ging und wie er gelöst oder nicht gelöst wurde.

Reflexion

d) Welcher von den sieben Möglichkeiten, die in dem abgedruckten Text genannt werden, lässt sich der Konflikt am ehesten zuordnen? Begründen Sie Ihre Zuordnung.

Analyse + Bewertung

_____
_____
_____
_____
_____
_____
_____
_____
_____
_____

e) Was würden Sie beim nächsten Mal anders machen? Was erscheint Ihnen bei diesem Konflikt sinnvoll und übertragbar auf andere Konflikte?

Planung + Konzeption

_____
_____
_____
_____
_____
_____
_____
_____
_____
_____

f) Präsentieren Sie Ihre Gedanken hierzu in der Klasse und suchen Sie das Gespräch mit den anderen Mitstudierenden.

Planung + Konzeption

Konflikte treten in jeder Gruppe auf. Sicher sind die Konflikte in den einzelnen Gruppenphasen unterschiedlich stark. Zunächst kommt es darauf an, dass die Gruppenmitglieder den einzelnen Konflikt wahrnehmen und ihn auch als Konflikt identifizieren. So stellt sich also die Frage, woran wir Konflikte in Gruppen erkennen können. Konflikte zeigen sich immer im Verhalten der einzelnen Gruppenmitglieder.

3: Gruppenanalyse

Für Erzieherinnen ist es wichtig, zu wissen, wie sich die einzelnen Gruppenmitglieder fühlen und wie sie in der Gruppe verankert sind. Hierzu gehört auch die Kenntnis darüber, wer mit wem besonders viel Kontakt pflegt und ob einzelnen Gruppenmitglieder am Rande stehen. Nur wenn sie über die sozialen Beziehungen in der Gruppe Bescheid weiß, kann sie erkennen, wo sie selbst unterstützend aktiv werden sollte und wie der allgemeine Zustand der Gruppe gerade ist.

Mithilfe eines Soziogramms gelingt es gut, die sozialen Beziehungen innerhalb einer Gruppe zu beschreiben. Das Soziogramm geht auf die von Moreno entwickelte Soziometrie zurück *(vgl. Amann, In: Edding/Schattenhofer, 2009, S. 428)*.

Der Schwerpunkt beim Soziogramm liegt auf der Erforschung der sozialen Beziehungen und der Gruppenstruktur. So erhalten wir dadurch ein relativ differenziertes Bild, wer zum Beispiel im Mittelpunkt steht oder eher am Rande, wer sich eher als Mitläufer sieht oder als Leader. Allerdings muss uns bewusst sein, dass das Soziogramm immer nur einen momentanen Befund darstellt und auch als solcher bewertet werden sollte.

Wie lassen sich nun die Daten hierzu erhaben? Hierzu gibt es die Möglichkeit der Befragung und/oder der Beobachtung. Bei der Befragung muss das Alter der Kinder berücksichtig werden. So eignet sich die Befragung bei Kindergartenkindern nur äußerst begrenzt. Um zum Beispiel herauszubekommen, wer besonders beliebt ist, kann die Erzieherin Kinder, wenn sie ein Spiel auswählen, fragen, mit wem sie dieses Spiel denn gerne spielen wollen.

Bei der Befragung muss darauf geachtet werden, wie die einzelnen Fragen gestellt sind. So kann zum Beispiel der Fokus auf die Vorlieben von Kindern gerichtet werden. Metzinger formuliert hierzu einige Fragen:

„Schreibe den Namen des Kindes auf, das Du am liebsten hast.
→ Wen magst Du in der Gruppe am liebsten?
→ Neben wem würdest Du am liebsten in der Klasse sitzen?
→ Wen würdest Du am liebsten zu Deinem Geburtstag einladen?" *(Metzinger, 1999, S. 59)*

Diese Fragen können beliebig ergänzt bzw. verändert werden. Sie lassen sich genauso unter dem Aspekt der Ablehnung formulieren.

Die erhobenen Daten werden nun in eine Matrix eingetragen. Dies könnte z. B. in einer Kindergruppe so aussehen *(vgl. an Metzinger, 1999, S. 61)*:

Wähler / Gewählte	Sven	Ayse	Beriket	Maria	Sandro	Bilien	Ercan	Selva	Kai	Zeilensumme
Sven		x			x			x	x	4
Ayse	x			x	x					3
Beriket						x	x			2
Maria	x	x	x				x			4
Sandro				x			x			2
Bilien	x									1
Ercan		x								1
Selva		x								1
Kai			x				x			2
Spaltensumme	3	4	2	2	2	2	3	1	1	

3: Gruppenanalyse

Die erhobenen Daten können aber auch in anderer Weise dargestellt werden. „Im Soziogramm werden die Gruppenmitglieder durch Kreise und die Beziehungen durch Pfeile dargestellt." *(Metzinger, 1999, S. 62)* In diesem Beispiel zeigen die Pfeile an, welche Kinder von wem gewählt wurden.

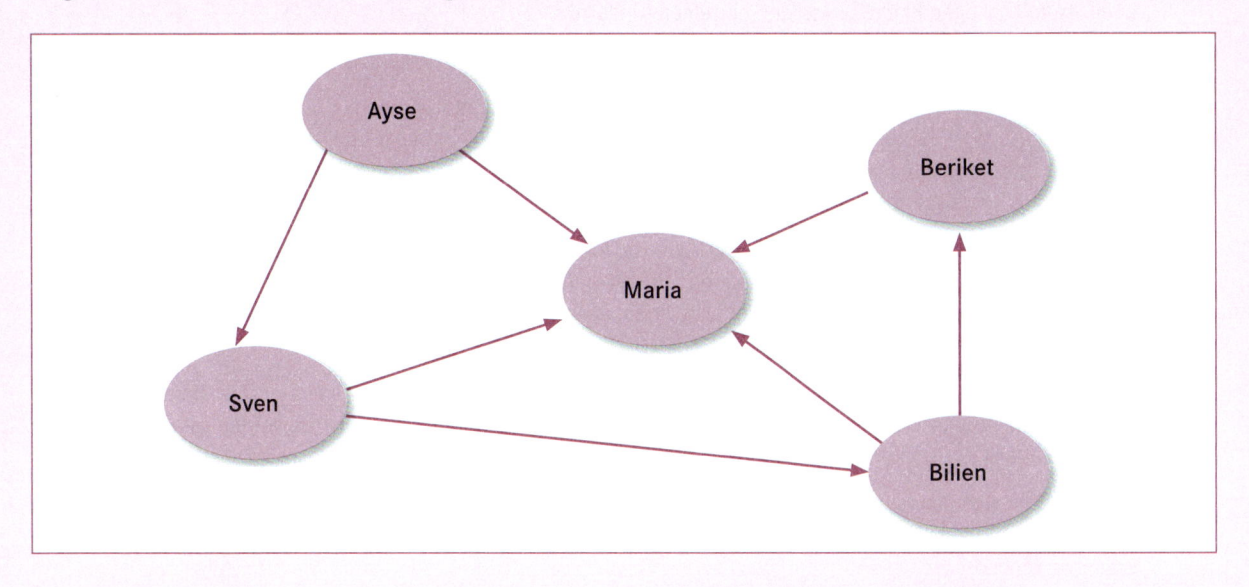

↘ **KOMPETENZEN**

→ *Fertigkeiten, die Ressourcen des einzelnen Gruppenmitglieds festzustellen und in die Planung der Gruppenarbeit einzubeziehen.*

→ *Fertigkeiten, die eigene Rolle in Gruppenprozessen zur reflektieren und nachhaltig verändern zu können.*

1 **Das Soziogramm**

a) Analysieren Sie das Soziogramm. Was sagt die Darstellung über die Beliebtheit der Kinder aus?

Wissen + Verstehen

b) Vervollständigen Sie das Soziogramm anhand der Matrix. Welche Aussage können Sie nun über die Stellung der einzelnen Kinder anhand dieser Skizze machen?

Wissen + Verstehen

41

GRUPPENPÄDAGOGIK

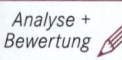

Analyse + Bewertung

c) Führen Sie während des nächsten Praktikums eine Woche lang immer zur gleichen Zeit in der Bauecke eine Beobachtung von 15 Minuten durch. Notieren Sie für sich, welche Kinder mit wem in dieser Zeit zusammenspielen. Erstellen Sie anhand Ihrer Notizen ein Soziogramm. Stellen Sie dieses Soziogramm Ihrer Anleiterin vor und diskutieren Sie die Ergebnisse miteinander. Was wird im Blick auf die Beziehungen der Kinder sichtbar? Entspricht dies auch Ihrem sonstigen Eindruck von den einzelnen Kindern?

Wissen + Verstehen

d) Lesen Sie folgenden Text:

„Bei der Durchführung des soziometrischen Verfahrens sollte beachtet werden: Das Soziogramm ist immer nur eine Momentaufnahme der Gruppe. Es sollte deshalb nicht angenommen werden, dass ein Soziogramm, das zu einem bestimmten Zeitpunkt erstellt wird, die Verhältnisse zuverlässig zu einem anderen Zeitpunkt widerspiegelt. Besonders in Kindergruppen gibt es Indizien dafür, dass sich die Beziehungen untereinander schnell ändern.

Diese Methode gewinnt nur besonderen Wert und verlässlichere Aussagen über die Situation und Entwicklung der Gruppe, wenn es in bestimmten Zeitabständen öfter wiederholt wird. Wenn ein Soziogramm in der Arbeit mit Gruppen eingesetzt wird, muss auch berücksichtig werden, dass die Ergebnisse der Befragung und das Soziogramm der Gruppenbeziehungen geheimgehalten werden.

Das Soziometrische Verfahren für sich allein reicht nicht aus, weswegen die durch das Soziogramm gewonnenen Ergebnisse immer durch zusätzliche Informationen und gezielte Beobachtungen ergänzt werden sollten. Das Soziogramm ist meist der erste Schritt, um die Gruppenstrukturen klarer zu erkennen, […]" *(Metzinger, 1999, S. 65)*

Welche Konsequenzen lassen sich aus den Ausführungen zur Aussagekraft eines Soziogramms ziehen? Stellen Sie dar, wie Erzieherinnen mit einem Soziogramm umgehen sollten und wie sie diese noch durch weitere Informationen ergänzen können.

_____
_____
_____
_____
_____
_____
_____
_____
_____
_____

Kinder in den ersten drei Lebensjahren

1: Bildungsprozesse junger Kinder gezielt begleiten

Im Verlauf Ihres Praktikums bei den „Gipfelstürmern" haben Sie die Kleinstkinder Ihrer Gruppe gezielt beobachtet.

Folgende Situation haben Sie mit Jannis (2;3) wahrgenommen:

In der Cafeteria der „Gipfelstürmer" steht ein Teebehälter. Jannis beobachtet, wie Felix (fünf Jahre alt) den Hebel des Teebehälters betätigt und sich seine Tasse füllt. Als Felix fertig ist, untersucht Jannis den Behälter und versucht, den Hebel umzulegen, damit der Tee fließt. Er strahlt, als es ihm gelingt und der Tee auf das Tablett fließt. Dann drückt er den Hebel wieder nach hinten. Verdutzt entdeckt er, dass der Strahl nun verschwunden ist. Erneut betätigt er den Hebel. Jannis freut sich und lacht, als der warme Tee über seine Hand fließt. Als Mara mit ihrer Tasse kommt und sie unter den Ausgießhahn stellt, betätigt Jannis den Hebel und füllt Mara die Tasse.

Jannis hat sich durch Ausprobieren den Zusammenhang zwischen seinem Tun und dem Fließen des Tees selbst erschlossen. Sie haben viele ähnliche Situationen beobachtet und dabei festgestellt, dass die unter dreijährigen Kinder bereits über viele Talente verfügen: Sie können sich ausdrücken, auf sich aufmerksam machen und sich mit ihrer Umwelt auseinandersetzen. Sie suchen Kontakte und finden immer einen Weg, diese zu knüpfen. Sie können hören, fühlen, riechen, sehen, schmecken und sich schon früh mit Gleichaltrigen verständigen. Die Kinder erweitern nach und nach ihren Aktionsradius. Sie wollen immer neue Erfahrungen machen und setzen sich Schritt für Schritt mit Materialien und Dingen auseinander. Sie experimentieren in vielfältiger Weise, sie erkunden und erforschen Dinge und Zusammenhänge.

Sie erkennen, dass Kinder aus eigenem Antrieb heraus Neues dazulernen wollen. Ihre Praxisanleiterin spricht davon, dass jedes Kind „der Akteur seiner Entwicklung" sei und ein Mensch in keiner anderen Phase des Lebens so schnell und ausdauernd und gleichzeitig so mühelos lernen könne wie im Kleinkindalter. So betrachtet sei Bildung also Selbstbildung. Bildung geschehe nicht von heute auf morgen, sondern sei ein Prozess. Aufgabe der Erzieherin sei es, diesen Prozess zu begleiten.

Ihre Praxisanleiterin bittet Sie zu überlegen, wie Sie im Freispiel die „Selbstbildung" der Kinder anregen können. Darüber hinaus gibt Sie Ihnen die Aufgabe, einen Bildungsbereich auszuwählen, verschiedene Bildungsmöglichkeiten zu überlegen und im Anschluss ein konkretes Bildungsangebot mit einem oder mehreren Kleinstkindern durchzuführen. *(Fallbeispiel in Anlehnung an: Viernickel, In: Kindergarten heute. 6-7/2011, S. 39-41)*

Kleinkind bildet sich selbst

↘ KOMPETENZEN

→ *Die Absolventinnen und Absolventen haben ein Bild vom kompetenten Kind als Leitlinie ihrer pädagogischen Arbeit.*

→ *Die Absolventinnen und Absolventen fördern die Selbstbildungspotenziale der Kinder.*

→ *Die Absolventinnen und Absolventen verfügen über die Fertigkeit, spezifische didaktisch-methodische Konzepte in den Bildungs- und Lernbereichen adressatengerecht zu planen, durchzuführen und zu analysieren.*

KINDER IN DEN ERSTEN DREI LEBENSJAHREN

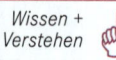

Wissen + Verstehen

1 Sammeln Sie in Einzelarbeit Situationen, die Sie in der Praxis mit Kindern unter drei Jahren selbst beobachtet haben, in denen sich ein Kind „selbst" gebildet hat. Was hat das Kind in der Situation gelernt?

Situation 1	Situation 2	Situation 3

2 Suchen Sie sich einen Partner und schildern Sie sich gegenseitig die Situationen.

Analyse + Bewertung

3 Notieren Sie für die geschilderten Situationen, inwieweit die Erzieherin zum Gelingen beigetragen hat, z. B. durch eine entsprechende Raumgestaltung oder das Materialangebot. Überlegen Sie auch jeweils, welche weiterführenden Anregungen die Erzieherin dem Kind geben könnte.

Situation 1	Situation 2	Situation 3

1: Bildungsprozesse junger Kinder gezielt begleiten

4 Fassen Sie im Plenum zusammen, wie eine Erzieherin Kleinstkinder im Freispiel zur Selbstbildung anregen kann. Was muss eine Erzieherin bei Kindern unter drei Jahren besonders berücksichtigen im Vergleich zu älteren Kindern?

5 Bilden Sie nun Vierergruppen. Sammeln Sie Bildungsmöglichkeiten und -angebote für **Kinder unter drei Jahren** und stellen Sie diese dann in der Klasse vor.

Planung + Konzeption

a) Legen Sie fest, welche Gruppe welchen Bildungsbereich bearbeitet. Orientieren Sie sich dabei an den Bildungsbereichen, die in der Bildungsvereinbarung Ihres Bundeslandes vorgegeben sind.

> **Hinweis:**
>
> Bildungsbereiche in NRW
> 1. Bewegung
> 2. Körper, Gesundheit und Ernährung
> 3. Sprache und Kommunikation
> 4. soziale, kulturelle und interkulturelle Bildung
> 5. musisch-ästhetische Bildung
> 6. Religion und Ethik
> 7. mathematische Bildung
> 8. naturwissenschaftlich-technische Bildung
> 9. ökologische Bildung
> 10. Medien
>
> Die Darstellung der Bildungsbereiche ist jeweils nach dem folgenden Prinzip aufgebaut:
> A) grundlegende Darstellung der wesentlichen Aspekte des Bildungsbereiches,
> B) Leitidee,
> C) Bildungsmöglichkeiten,
> D) Leitfragen zur Unterstützung und Gestaltung von Bildungsmöglichkeiten,
> E) Materialien/Settings als Denkanstöße
>
> „Bildungsmöglichkeiten stecken in vielen alltäglichen Situationen (z. B. bei einem Spaziergang, einer gemeinsamen Mahlzeit) und Gegenständen (in einem Radio, einer Schreibmaschine, etc.). Aber nur durch Auseinandersetzung der Kinder mit ihnen werden sie zu einem bedeutungsvollen Thema. Aufgabe der Fach- und Lehrkräfte ist es, diese Bildungsmöglichkeiten zu identifizieren und zu nutzen."
> *(Bildungsvereinbarung NRW, S. 20)*

b) Lesen Sie nun in der Bildungsvereinbarung den Abschnitt zu dem von Ihnen ausgewählten Bereich.

c) Lesen Sie außerdem im Buch, Bd. 2, S. 226 (HF 3 Kap. 2.6).

d) Sammeln Sie Möglichkeiten, Kinder unter drei Jahren im ausgewählten Bereich **im Alltag** gezielt zu unterstützen.

e) Sammeln Sie nun **konkrete** Bildungsangebote für Ihren Bereich, die Sie **planen** können, um Kinder unter drei Jahren gezielt zu fördern bzw. in ihrer Entwicklung zu unterstützen. Es gibt inzwischen sehr viele Praxisideen für unter Dreijährige in Zeitschriften oder Büchern (z. B. aus dem Herder-Verlag; Zeitschrift „Kleinstkinder", Buchreihe „Kleine Kinder fördern") usw.

f) Beurteilen Sie alle Vorschläge und Ideen in Bezug auf ihre Sinnhaftigkeit.

g) Füllen Sie das Arbeitsblatt auf der nachfolgenden Seite aus, das als Kopiervorlage dienen soll.

h) Präsentieren Sie Ihr Ergebnis im Klassenverband. Kopieren Sie das Ergebnisblatt für jeden. Bringen Sie zur besseren Veranschaulichung ggf. Materialien mit oder simulieren Sie Spiele im Klassenverband.

Am Ende der Präsentationen besitzt jede Studierende eine Vielzahl an Praxisideen für Kinder unter drei Jahren aus den verschiedenen Bildungsbereichen.

KINDER IN DEN ERSTEN DREI LEBENSJAHREN

Bildungsprozesse von Kindern unter drei gezielt begleiten

Bildungsbereich: _____

Bildungsmöglichkeiten im Alltag, z. B. durch Raumgestaltung, Spielmaterial:

_____
_____
_____
_____
_____
_____

Unterstützendes Erzieherverhalten im Alltag:

_____
_____
_____
_____
_____
_____

Praxisideen für geplante Bildungsangebote:

Name:	Kurzbeschreibung:

Ggf. auf einem Zusatzblatt weitere Vorschläge notieren.

1: Bildungsprozesse junger Kinder gezielt begleiten

6 Wählen Sie nun jeder für sich aus dem Fundus an Praxisideen ein Bildungsangebot aus, das Sie gezielt planen und mit Kindern unter drei Jahren in der Praxis durchführen möchten.

Planung + Konzeption

a) Schreiben Sie eine Planung. Verwenden Sie dazu das Planungsraster aus dem Buch (HF 2 Kap. 3.7.3; Bd. 1 S. 299-302) oder ein Planungsraster, das Sie an Ihrer Schule verwenden.

b) Falls notwendig, lesen Sie zur Wiederholung nochmals das gesamte Kapitel „Planung, Durchführung und Evaluation pädagogischer Prozesse" im Buch (Band 1, HF 2 Kap. 3, S. 282–303).

c) Treffen Sie alle notwendigen Absprachen und führen Sie Ihr Bildungsangebot in Ihrer Praxisstelle durch.

7 Reflektieren Sie Ihr Bildungsangebot. Verwenden Sie dazu das Reflexionsraster aus dem Buch (Band 1, HF 2 Kap. 3.7.3; S. 299–302) oder ein Reflexionsraster, das Sie an Ihrer Schule verwenden.

Reflexion

8 Für welche Bildungsbereiche haben Sie besonders viele Praxisideen für Kinder unter drei sammeln können, für welche Bildungsbereiche nur wenige? Warum?

9 Vergleichen Sie Bildungsangebote für Kinder über drei mit Bildungsangeboten für Kinder unter drei.

a) Füllen Sie in Einzelarbeit die folgende Tabelle aus. Stellen Sie dabei die Unterschiede heraus.

Bildungsangebote mit Kindern über drei	Bildungsangebote mit Kleinstkindern unter drei

b) Tauschen Sie sich mit Ihrer Tischnachbarin aus, ergänzen Sie noch fehlende Aspekte.

KINDER IN DEN ERSTEN DREI LEBENSJAHREN

10 Fassen Sie zum Schluss nochmals zusammen: Was müssen Sie bei der Initiierung von Bildungsprozessen bei Kindern unter drei besonders beachten/berücksichtigen?

_____
_____
_____
_____
_____
_____
_____
_____
_____
_____

11 Reflektieren Sie nun die gesamte Unterrichtseinheit zum Thema „Bildungsprozesse junger Kinder gezielt begleiten."

Das nehme ich mit:

Das lasse ich da:

Das nehme ich mir vor bzw. soll noch im Unterricht behandelt werden:

2: Sauberkeitserziehung

Die viergruppige Tageseinrichtung für Kinder in Düsseldorf „Gipfelstürmer" hat vor einem halben Jahr Kinder unter drei Jahren in ihrer Einrichtung aufgenommen.

Heute ist Ihr erster Praxistag bei den „Gipfelstürmern" in einer altersgemischten Gruppe mit Kindern auch unter drei Jahren. Die Gruppenleiterin bittet Sie, erst einmal die Kinder zu beobachten.

Sie sehen u. a. die pädagogische Fachkraft im Nebenraum am Wickeltisch. Sie versorgt Sophie (zwei Jahre) mit einer frischen Windel. Marc (2,5 Jahre) kommt auch hereingelaufen, zerrt an seinem Hosenreißverschluss und ruft: „Pippi, ich muss Pippi machen!" Die Erzieherin erzählt Ihnen, dass Marcs Eltern vor einem Jahr unbedingt wollten, dass Marc „trocken" wird. In einem Elterngespräch wurde sehr deutlich, dass sie das als die Aufgabe des Fachpersonals im Kindergarten ansehen.

Sie fragen sich, ob Marcs Eltern recht damit haben – ist die Kita und damit die Erzieherin für die Sauberkeitserziehung verantwortlich? Wie werden Kinder überhaupt trocken und sauber?

Wie werden Kinder trocken und sauber?

↘ KOMPETENZEN

→ *Die Absolventinnen und Absolventen zeigen Empathie für Kinder und ihre Familien und deren unterschiedliche Lebenslagen.*

→ *Die Absolventinnen und Absolventen unterstützen die Entwicklung der Kinder.*

→ *Die Absolventinnen und Absolventen verfügen über fachtheoretisch vertieftes Wissen zu Entwicklungsaufgaben und -prozessen in verschieden Lebensphasen (hier: Kinder von null bis drei, Thema: Sauberkeitserziehung).*

1 Fragen Sie Ihre Eltern, in welchem Alter Sie selbst trocken und sauber waren. Welche Maßnahmen haben Ihre Eltern diesbezüglich ergriffen?

Wissen + Verstehen

KINDER IN DEN ERSTEN DREI LEBENSJAHREN

2   Wie wird „Sauberkeitserziehung" in Ihrer Praktikumseinrichtung praktiziert? Was konnten Sie diesbezüglich schon beobachten?

___

3   Betrachten Sie das Foto. Wie wurden Krippenkinder in der ehemaligen DDR vermutlich trocken und sauber?

„Topfbank" aus DDR-Zeiten in einem ostdeutschen Kindergarten. Hier können bis zu fünf Kinder gleichzeitig aufs „Töpfchen" gesetzt werden.
Quelle: Autorenfoto

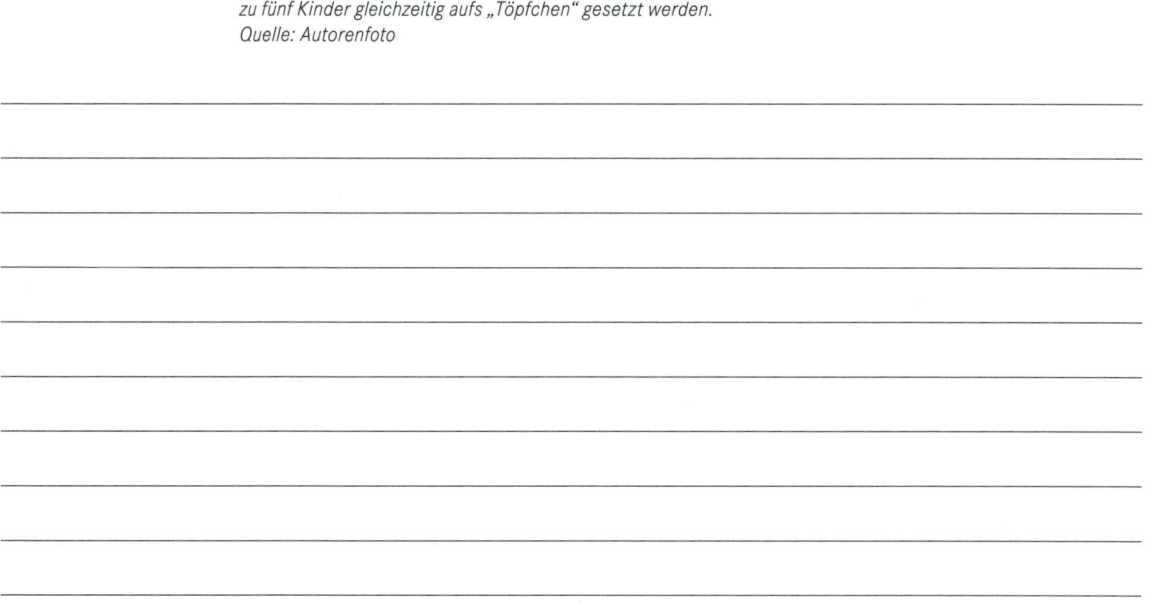

___

4   Berichten Sie Ihrer Tischnachbarin das Erlebte/Beobachtete.

5   Tauschen Sie sich in der Klasse über die unterschiedlichen Methoden der „Sauberkeitserziehung" aus. Bilden Sie Kategorien und finden Sie Überschriften.

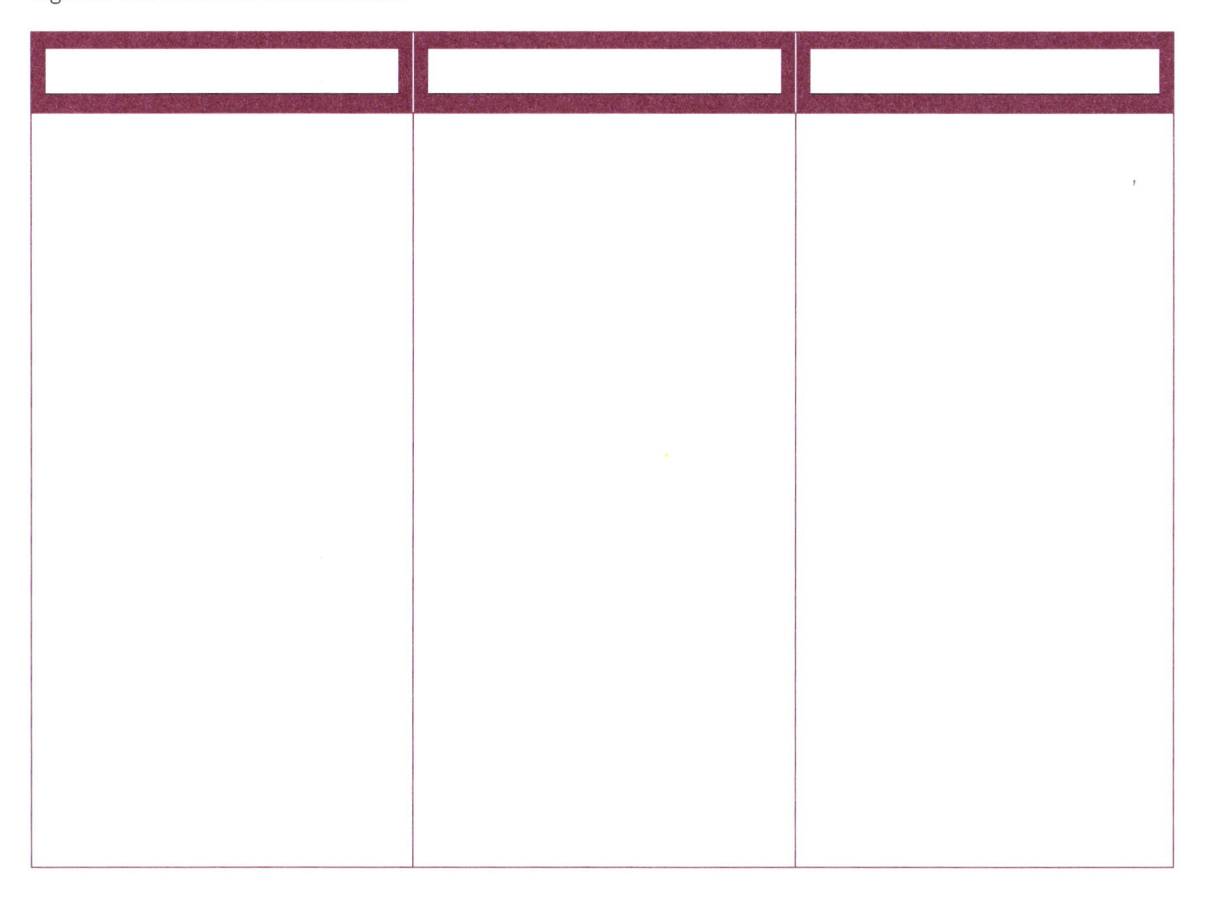

6   Welches Vorgehen würden Sie persönlich bevorzugen? Diskutieren Sie Ihren Standpunkt im Plenum.

7   Informieren Sie sich in der Fachliteratur über die aktuelle Position zum Thema *(z. B. Wachter/Sarkady: So wird mein Kind sauber, München 2012)* und berücksichtigen Sie dabei vor allem die Punkte:

   A) Entwicklungsvoraussetzungen

   B) den richtigen Zeitpunkt erkennen

   C) Verhalten und Methoden der Erziehungspersonen

Teilen Sie die Klasse zur Bearbeitung in drei gleich große Teile auf. Jede Kleingruppe bekommt einen der genannten Punkte zur Bearbeitung.

Lesen Sie Ihren Textteil **als Hausaufgabe** und unterstreichen Sie Schlüsselbegriffe farbig.

Die Auseinandersetzung mit den Texten erfolgt dann im Rahmen eines **Gruppenpuzzles**.

> **Hinweis:**
>
> **Was ist ein Gruppenpuzzle?**
>
> *Beschreibung:*
> Die zu vermittelnden Lerninhalte werden in gleich große Teile aufgeteilt (drei bis fünf).
>
> **Aneignungsphase:** Zu Beginn arbeiten die Gruppen in Expertengruppen, d. h. sie machen sich innerhalb ihrer Teilaufgabe zu Experten (z. B. durch Textarbeit).
> **Vermittlungsphase:** Der Austausch der erarbeiteten Informationen erfolgt in Puzzlegruppen. Jede Puzzlegruppe setzt sich aus je einem Vertreter der Expertengruppen zusammen.
> **Vertiefungsphase:** Wiederholende und vertiefende Aufgaben zu den Teilbereichen aller Expertengruppen werden bearbeitet.
>
> *Sozialform:*
> Einzelarbeit, Gruppenarbeit

Zeit/Material:
30 Min. bis mehrere Stunden; drei bis fünf Teilthemen auf verschieden farbigem Papier.

Begründung:
Für das Gelingen des Gesamtprozesses sind alle Teilnehmenden gleich verantwortlich. In den Puzzlegruppen ist jeder als Experte für seinen Teil zuständig. Durch die aktive Wiedergabe des angeeigneten Wissens wird dieses besser verarbeitet.
Zudem erleben sich Lernende in dieser Verantwortung als wirksam, sind dadurch mehr motiviert und das führt zumeist zu einem größeren Lernerfolg.

Einsatzort:
Gut geeignet für die Erarbeitung von umfangreichen Themen, die sich in gleich große Teile untergliedern lassen.

(Wahl, 2006, S. 288)

Aneignungsphase in der Expertengruppe und in Einzelarbeit:

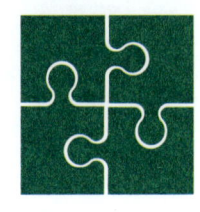

a) Tauschen Sie sich in der Expertengruppe über Ihren Text aus und klären Sie offene Fragen. Besprechen Sie die wichtigsten Schlüsselbegriffe.

b) Notieren Sie jeder für sich max. zehn Schlüsselbegriffe und gehen Sie den Inhalt Ihres Textes mit dieser Hilfe noch einmal durch.

Sie sind jetzt der **Experte** für Ihren Teilbereich!

Vermittlungsphase in den Puzzlegruppen:

c) Bilden Sie die Puzzlegruppen, indem Sie sich mit zwei Personen zusammentun, die die jeweils anderen Punkte bearbeitet haben (Punkte A, B, C ergeben eine Puzzlegruppe).

d) Suchen Sie sich einen ruhigen Platz (auch außerhalb der Klasse).

e) Vermitteln Sie sich gegenseitig Ihr Wissen. Beginnen sollte der Teilnehmer mit Punkt A (dann B und C). Nehmen Sie beim Erklären die notierten Schlüsselbegriffe zu Hilfe.

Verarbeitungsphase in den Puzzlegruppen:

f) Übertragen Sie alle Schlüsselbegriffe auf Karteikarten.

g) Gehen Sie gemeinsam alle Kärtchen nochmals durch. Prüfen Sie, ob jeder der drei Puzzlepartner **alle** Kärtchen erklären kann.

h) Bringen Sie die Kärtchen in eine sinnvolle Struktur und zeigen Sie Zusammenhänge auf.

i) Formulieren Sie ein kurzes abschließendes Statement zum Thema Sauberkeitserziehung.

_____
_____
_____
_____
_____

j) Wenn Sie noch Zeit haben: Sammeln Sie übergreifende Fragen zum gesamten Lernstoff. Diese können Sie später zur Wiederholung verwenden.

_____
_____
_____
_____
_____
_____
_____

8 Jede Dreiergruppe präsentiert ihr Statement im Plenum.

9 Reflektieren Sie im Plenum die Methode des Gruppenpuzzles:
- → Worin bestand der Erfolg für Sie?
- → Was fanden Sie noch schwierig?

10 Lesen Sie sich die Einstiegssituation noch einmal durch. Notieren Sie in Einzelarbeit:

Analyse + Bewertung

a) Wer ist nun für die Sauberkeitserziehung zuständig? Begründen Sie.

_____
_____
_____
_____
_____
_____

KINDER IN DEN ERSTEN DREI LEBENSJAHREN

b) Wie beurteilen Sie das Verhalten von Marcs Eltern?

_____

c) Was hätten die Erzieherinnen Marcs Eltern in dem Elterngespräch sagen sollen?

_____

11 Tauschen Sie sich anschließend im Plenum aus.

Planung + Konzeption

12 Versetzen Sie sich in folgende Situation:

> **Situation:**
>
> Ihre Praxisanleiterin in der Kita „Gipfelstürmer" berichtet Ihnen auf Ihre Nachfrage Folgendes:
>
> „Bei den Eltern unserer Kinder unter drei Jahren ist die sogenannte *Sauberkeitserziehung* ein großes Thema. Ich habe das Gefühl, dass manche Eltern es als Beweis ihrer Erziehungskompetenz ansehen, wenn ihr Kind möglichst früh keine Windel mehr braucht. Das setzt die Kinder und auch uns unter Druck. Wir hätten gern ein paar wissenschaftlich fundierte Argumente, um hierzu einen Elternabend zu gestalten und uns mit den Eltern auf eine gute Umgangsweise zu verständigen."

54

a) Sammeln Sie in Partnerarbeit die Argumente für den geplanten Elternabend.

1 Argument	2	3	4
Erläuterung			

5	6	7	8

b) Erläutern Sie Ihrer Praxisanleiterin die gefundenen Argumente. Simulieren Sie dazu ein Rollenspiel. Einer spielt die Praktikantin, die Tischnachbarin die Praxisanleiterin.

c) Wechseln Sie die Rollen und wiederholen Sie das Rollenspiel.

Kinder im Schulalter

1: Max soll ein Schulkind werden

Sie leisten ein Praktikum in einer Kita. Während der Bringzeit spricht die Mutter von Max (4;8) Sie auf das Thema Schule an.

Sie sagt, sie hätte mit einer Nachbarin gesprochen und am Ende des Gespräches wäre beiden klar gewesen, dass Max reif genug ist, um zur Schule zu gehen und sie möchte, dass Max in die Vorschulgruppe aufgenommen wird.

Als Sie die Mutter fragen, woran sie das „reif genug" festmacht, erzählt sie Ihnen, dass Max schon seit einiger Zeit nicht mehr gerne in die Kita geht, da er sich hier gelangweilt fühlt. Das ist für die Mutter ein klares Zeichen dafür, dass Max größere Herausforderungen braucht.

Die Mutter sagt weiter, dass Max sich auf Dinge, die ihm Spaß machen, z. B. Plätzchen backen, ausdauernd konzentrieren kann und dass er mit den Zutaten immer wieder kleine Rechenspiele macht. Außerdem kann er Geschichten, die die Mutter ihm bei langen Autofahrten erzählt, genau und gut verständlich nacherzählen. Und er ist an allem interessiert. Während der Autofahrt hat er neulich ein Stoppschild allein durch die Form erkannt.

Max selber hat der Mutter erzählt, er wolle unbedingt zur Schule – und am liebsten zu der, zu der auch der Nachbarsjunge Paul geht. Die Nachbarin hat Max' Mutter erzählt, dass ihr Paul auch ein „Kann-Kind" war und die Entscheidung, ihn schon mit fünf Jahren zur Schule zu schicken, sei genau richtig gewesen. Erstens gingen die Kinder in vielen anderen Ländern auch schon früh zur Schule und das hätte zweitens für die berufliche Zukunft große Vorteile. So könne man eine Fehlwahl bei der Ausbildung oder im Studium leichter verschmerzen, man hätte bessere Einstellungschancen und würde früher Geld verdienen.

Da am Frühstückstisch eine Kanne Milch umgefallen ist, geben Sie der Mutter wertschätzend zu verstehen, dass Sie das Gespräch beenden müssen. Sie sagen ihr aber noch, dass Sie die Kolleginnen über das Gespräch informieren und nachfragen werden, welche Meinung sie zur Aufnahme von Max in die Vorschulgruppe und zum möglichst frühen Schulbesuch haben.

Etwas später sprechen Sie mit der Gruppenleiterin über Max und das Thema Schule. Sie schlägt vor, Max in den nächsten zwei Wochen genau zu beobachten und dann in der Teambesprechung den „Fall Max" zu diskutieren.

Danach kreisen Ihnen die Gespräche und einige Inhalte wie „reif für die Schule", „Kann-Kinder" und „den Fall Max diskutieren" durch den Kopf. Und überhaupt: Kann Max schon ein (Vor-)Schulkind werden?

↘ KOMPETENZEN

→ *Die Absolventinnen und Absolventen verfügen über Fertigkeiten, Ressourcen des einzelnen Gruppenmitglieds festzustellen und in die Planung einzubeziehen.*

→ *Die Absolventinnen und Absolventen haben das Wissen und die notwendigen Kompetenzen, kriteriengeleitet im Team zu agieren.*

1: Max soll ein Schulkind werden

1 Welche Gedanken gehen Ihnen noch durch den Kopf? Sammeln Sie diese im Plenum.

Wissen + Verstehen

Überlegen sie dabei auch Folgendes:
→ Darf Max so früh überhaupt schon in die (Vor-)Schule?
→ Wer ist wie beteiligt?
  - Eltern (Personensorgeberechtigte)
  - Max
  - Erzieher
  - Weitere Personen wie Nachbarn etc.
  - Wer entscheidet auf welcher Grundlage?
→ Welche Kompetenzen sollte Max (bzw. generell ein Kind) mitbringen, damit er (es) schulfähig ist?

Hinweis:

Bildung ist Ländersache. Trotz Diskussionen darüber, obliegt es nach wie vor den Bundesländern bzw. deren Kultusministerien, wie Bildung insgesamt innerhalb der jeweiligen Landesgrenzen gestaltet wird. Das betrifft unmittelbar auch die Regelungen und Stichtage für die Einschulung. In Bayern ist der Stichtag der Einschulung beispielsweise der 30. September, in Berlin der 31. Dezember. Nordrhein-Westfalen wollte den Stichtag bis 2014 stufenweise verlegen, änderte dies jedoch wenige Jahre nach der Einführung wieder. Das heißt: Wie früh oder spät ein Kind eingeschult werden muss, muss immer wieder aktuell den jeweiligen Schulgesetzen (SchulG) der Länder entnommen werden. Dies gilt auch für bestimmte Anträge, die eine Abweichung von der Stichtagsregelung zum Ziel haben, also eine frühere Einschulung als der Stichtag es vorsieht oder eine Zurückstellung. Auch wer in welchem Maße über die Einschulung insgesamt zu bestimmen hat, ist in den Schulgesetzen der Länder geregelt.

2 Lesen Sie die gesetzlichen Bestimmungen Ihres Bundeslandes (z. B. das Schulgesetz NRW vom 15. Februar 2005, Stand: 1.7.2013). Bestimmen Sie nun, wie der Wunsch von Max' Mutter bezüglich der Einschulung vor dem Hintergrund der gesetzlichen Bestimmungen zu bewerten ist. Nehmen Sie als Ausgangsdatum für das Fallbeispiel den Zeitpunkt der Bearbeitung.

Wissen + Verstehen

3 Diskutieren Sie im Plenum auf der Grundlage gesetzlicher Bestimmungen und pädagogischer Belange, welche Personen in welchem Maße an der Entscheidung zu Max' Einschulung beteiligt werden sollten.

Wissen + Verstehen

Analyse + Bewertung

4 Ob Sie und die Fachkräfte dem Wunsch der Mutter bezüglich der Aufnahme in die Vorschulgruppe und einer frühen Einschulung zustimmen sollten, hängt davon ab, über welche Kompetenzen Max in welcher Ausprägung verfügt. Machen Sie sich daher über das Schulfähigkeitsprofil kundig und lesen Sie die Kapitel 3.1.2 und 3.1.3 in „Kein Kinderkram!", Bd. 2 und ggf. weitere Informationen wie „Erfolgreich starten! Schulfähigkeitsprofil als Brücke zwischen Kindergarten und Grundschule" vom Schulministerium NRW.

Analyse + Bewertung

KINDER IM SCHULALTER

Wissen + Verstehen

5 Lesen Sie vor dem Hintergrund Ihres (nun erworbenen) Fachwissens die folgende Beobachtung.

> **Beobachtung zu Max**
>
> Nach dem Gespräch mit der Gruppenleiterin über den Wunsch der Mutter, Max zeitnah einzuschulen, nehmen Sie sich den Ordner mit den Beobachtungen zur Bildungsdokumentation von Max zur Hand. Hier lesen Sie:
>
> Im Freispiel wurde beobachtet, dass Max sich gut über einen längeren Zeitraum auf ein Spiel konzentrieren kann und über die Ausdauer verfügt, Spiele zu Ende zu führen. Bei der Beobachtung eines Rollenspiels wurde dokumentiert, dass er sich immer wieder die getroffenen Absprachen mit den anderen Kindern nicht merken konnte und es deshalb zu Streit kam. In dieser Situation war es Max nicht möglich, den Konflikt selbstständig mit den anderen Kindern zu lösen. Er schlug ein Kind, lief dann weinend weg und war ca. eine Stunde lang nicht zu beruhigen.
>
> Beim Brettspiel „Mensch ärgere dich nicht" wurde beobachtet, dass er schnell die Zahlen des Würfels erfasste und bei „Das verrückte Labyrinth" erkannte er schnell logische Zusammenhänge beim Verschieben der Gänge.
>
> In Gesprächen mit Max konnte er detailliert beschreiben, wo er wohnt. Generell wurde in der Bildungsdokumentation festgestellt, dass Max deutlich betont in ganzen Sätzen spricht und gerne von Büchern erzählt, die er in der Kita und zu Hause betrachtet.
>
> Zu Max' Sozialverhalten konnten Sie lesen, dass er nicht viel Kontakt zu den Kindern der Gruppe pflegt und andere Kinder ihn meiden. Er entwickelt zwar häufig Eigeninitiative bei Spielsituationen. Dann vertritt er aber seine Meinung oft sehr vehement, fällt den anderen Kindern ins Wort und gerät darüber häufig mit ihnen in Streit. In zwei Situationen wurde er dafür von Kindern kritisiert, was ihn sehr wütend machte.
>
> Bei einer Beobachtung auf dem Außengelände wurde festgehalten, dass Max beim Hüpfekästchen-Spiel Probleme hatte, das Gleichgewicht zu halten. Zudem akzeptierte er eine Spielregel nicht, was zu einem Konflikt führte.
>
> Als eine Kollegin einen Bewegungsparcours abgesteckt hatte, gelang es Max nur mit Mühe, über einen Balken zu balancieren, über das Klettergerüst zu klettern und mit einem Roller zwischen Hindernissen durchzufahren. Das An- und Ausziehen der Kleidung und der Schuhe für draußen gelingt Max schon lange alleine.
>
> Zusätzlich zur Bildungsdokumentation führten Sie eigene Beobachtungen durch. Bei einem Kreativangebot notierten Sie, dass Max ohne hinzuschauen durch Ertasten verschiedene Materialien erkannte. Zudem konnte er präzise schneiden und mit drei Fingern den Stift halten. Auf seine Kunstwerke malte er viele verschiedene Buchstaben und Zahlen und schrieb immer seinen Vor- und Zunamen darunter.
>
> Bei einem Spielkreis wirkte Max (wie so häufig) müde. Als Sie ihn darauf ansprachen, sagte er: „Ich habe nicht viel geschlafen, weil ich Angst hatte". Die Frage nach dem Warum konnte oder wollte Max nicht beantworten. Als Sie ihn fragten, ob er denn das schwierige Spiel trotz der Müdigkeit mitmachen wolle, antwortet er: „Klaro, ich liebe schwierige Aufgaben. Die schaffe ich immer und das macht mir Freude. Deshalb will ich ja auch in die Schule – da wo der Paul ist. Ich habe mir zum Geburtstag schon einen Schulranzen, Hefte und Schreibstifte gewünscht."

Wissen + Verstehen

6 Lesen Sie auch das erste Beispiel „Max soll ein Schulkind werden" vor dem Hintergrund Ihres Fachwissens und tragen Sie alle Ergebnisse zusammen. Notieren Sie in die Pro- und Kontraliste, was aus fachlicher Sicht der beteiligten Erzieher für und/oder gegen die Aufnahme in die Vorschulgruppe und einer ggf. möglichen frühen Einschulung spricht.

1: Max soll ein Schulkind werden

Diese Argumente sprechen **für** die Aufnahme von Max in die Vorschulgruppe	Diese Argumente sprechen **gegen** die Aufnahme von Max in die Vorschulgruppe

a) Ordnen Sie durch Markieren oder Nummerieren die Argumente gemäß ihrer Relevanz.

b) Entscheiden Sie sich: Sollte Max aus Ihrer Sicht in die Vorschulgruppe aufgenommen werden? Warum? Welche Kriterien sind ausschlaggebend?

Analyse + Bewertung

Analyse + Bewertung

7 Bereiten Sie sich nun mithilfe Ihrer Notizen darauf vor, in einer Teambesprechung zu diskutieren, ob Max in die Vorschulgruppe aufgenommen werden sollte oder nicht.

Planung + Konzeption

Führen Sie in einer Gruppe von drei bis sechs Personen eine simulierte Teambesprechung durch. Vergeben Sie dabei verschiedene Rollen:

→ Leitung

→ Fachkraft (ggf. mehrere)

→ Praktikantin

Bedenken Sie: Am Ende der Teambesprechung muss ein Ergebnis erzielt werden, welches Max' Mutter mitgeteilt werden muss. Das heißt die Mutter muss erfahren, was die Fachkräfte von dem Wunsch der frühen Einschulung aus fachlicher sicht halten.

8 Reflektieren Sie als Gruppe, wie Sie die Diskussion empfunden haben, wie Sie das Ergebnis bewerten usw.

Reflexion

9 Eine oder mehrere Personen beobachten die Diskussion und geben der Gruppe am Ende eine Rückmeldung – individuell und als Gruppe. Nutzen Sie das Beobachtungsprotokoll und bei Bedarf weitere Notizzettel.

Analyse + Bewertung

Markieren Sie am Ende der Diskussion, während die Teammitglieder reflektieren, welche Argumente nach Ihrer Meinung überzeugend/weniger überzeugend waren.

Reflexion

KINDER IM SCHULALTER

Beobachtungsbogen für die Teambesprechung

Diese Argumente sprechen **für** die Aufnahme von Max in die Vorschulgruppe	Diese Argumente sprechen **gegen** die Aufnahme von Max in die Vorschulgruppe

2: Max ist ein Schulkind

Sie absolvieren nach den Weihnachtsferien einen Praxisblock in einer städtischen Gemeinschaftsgrundschule. Die Unterrichtszeiten sind montags bis freitags von 8:00–13:20 Uhr, die Anzahl der Unterrichtsstunden liegt zwischen 21 bei den Erstklässlern und 27 bei den Viertklässlern.

Ein Träger der freien Jugendhilfe bietet ab 11:30 Uhr bzw. individuell nach Unterrichtsschluss einen „Offenen Ganztag" an. Eine Kernanwesenheit bis 15:00 Uhr ist für die hier angemeldeten Kinder bindend, die gesamte Betreuungszeit reicht bis 16:30 Uhr. Insgesamt befinden sich 30 Kinder von der ersten bis zur vierten Klasse in einer Gruppe. Somit gibt es acht OGS-Gruppen, deren Altersmischung ausgewogen ist.

In jeder Gruppe arbeiten eine Fach- und eine Ergänzungskraft. Diese bieten neben Freispiel in den Gruppenräumen und auf dem Pausenhof eine Begleitung beim Mittagessen und der Lernzeit an. Zudem entwickeln und begleiten sie spezifische pädagogische Angebote, z. T. in Form von Arbeitsgemeinschaften. Diverse Honorarkräfte und ehrenamtliche Helfer unterstützen dabei.

Sie werden der Blauen Gruppe zugeteilt. Gleich an Ihrem ersten Arbeitstag fällt Ihnen auf, wie unterschiedlich die Kinder sind.

Dann sehen Sie den Ihnen bekannten Max. Er ist, wie sie aufgrund der OGS-Liste mit den formalen Daten der Kinder wissen, gerade sechs Jahre alt geworden.

Nach der Lernzeit sitzt er im Gruppenraum am Spieletisch und puzzelt alleine. Sie setzen sich zu ihm und sprechen ihn an. Auf die Frage, wie es ihm hier gefällt, sagt er: „Immer noch besser, als wenn mir Mama verbietet zum Fußball zu gehen. Da habe ich gar keine Lust bei ihr Hausaufgaben zu machen. Aber puzzeln ... Ich würde mal gern ein richtiges Haus bauen können. In Mathe mussten wir heute rechnen, wie viele Steine man für ein Haus braucht, aber da gehen immer alle Zahlen bei mir im Kopf durcheinander ..."

Neben Max sitzt Lisa aus der 4a. Während der Hausaufgabenbetreuung sitzt immer ein Patenkind neben einem I-Dötzchen. Sie sagt zu Max: „Wenn du einmal so alt bist wie ich, dann freust du dich immer auf den Sportunterricht. Heute haben wir Mädchen die Jungen im Völkerball geschlagen. Das hat richtig Spaß gemacht."

In diesem Moment sind sie abgelenkt, weil Lukas und Johannes aus der dritten Klasse durch den Raum rennen. Die Betreuungskraft schreit die beiden an: „Jetzt ist Schluss! Macht noch eure Hausaufgaben fertig und dann könnt ihr auf dem Schulhof rennen! Johannes ruft: „Och immer diese blöden Regeln hier. Ich muss jetzt erst noch Lukas fangen." Johannes rennt wieder los. Die Betreuerin stoppt die beiden und fragt: „Habt ihr einen Vorschlag, wann ihr die Hausaufgaben machen wollt?" Lukas: „Fünf Minuten nach draußen und dann die Hausaufgaben. OK?" Die Betreuerin nickt.

Kinder machen Hausaufgaben

↘ KOMPETENZEN

→ *Die Absolventinnen und Absolventen verfügen über Fertigkeiten, Bedingungen in Gruppen zu schaffen, in denen sich das einzelne Gruppenmitglied in der Gruppe selbstwirksam erleben kann.*

KINDER IM SCHULALTER

Planung + Konzeption

1 Entwerfen Sie einen Zeitplan. Was tun die in der OGS angemeldeten Kinder von 8:00 bis 16:30 Uhr?

Zeit/Dauer	Bezeichnung	Aufgabe der Kinder/Was wird von den Kindern verlangt?
Vor 8:00	Bringphase/Ankommen	
Von 8:00 bis 11:35/12:35/13:20 Uhr	Unterricht/Pause(n) ...	
Von 11:35/12:35/13:20 Uhr bis 15:00/16:30	Freispiel/Mittagessen/Lernzeit/Angebote bzw. AG ...	
Nach 15:00/16:30	Abholphase/nach Hause gehen	

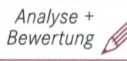

Analyse + Bewertung

2 Vergleichen Sie Ihre Ausarbeitungen. Was fällt Ihnen auf?

Wissen + Verstehen

3 Sammeln Sie im Plenum, was von den Kindern verlangt wird.

Analyse + Bewertung

4 Stellen Sie die Ergebnisse aus Aufgabe 3 den Bedürfnissen und entwicklungspsychologischen Erfordernissen der Kinder gegenüber.

_____
_____
_____
_____
_____
_____
_____

5 Welche Aufgaben bzw. Rolle ergibt sich auf der Grundlage Ihrer Erarbeitung für eine Fachkraft im Rahmen einer OGS? Beachten Sie dabei neben der direkten Arbeit mit den Kindern die strukturellen Rahmenbedingungen.

Analyse + Bewertung

6 Erstellen Sie beispielhaft ein Konzept, wie Sie die Kinder sinnvoll im Rahmen der OGS pädagogisch begleiten können. Beachten Sie dabei die verschiedenen Zeiten/Strukturen.

Planung + Konzeption

7 Erstellen Sie, am Gesamtkonzept orientierend, pädagogische Planungen für Max innerhalb der verschiedenen Phasen der OGS.

Planung + Konzeption

JUGENDLICHE UND JUNGE ERWACHSENE

Jugendliche und junge Erwachsene

1: Kinder- und Jugendarbeit in einer „Offenen Tür"

In der OGS-Gruppe von Max befindet sich u. a. Dennis. Er hat lt. eigener Aussage schon eine Ehrenrunde gedreht. Dennis ist elf Jahre alt und besucht nach der OGS häufig noch eine „Offene Tür" in einem benachbarten Stadtteil der Schule. „Bevor ich den OGS-Platz hatte, war ich jeden Tag da, schon ab Mittag. Das war cool, viel lockerer als hier in der OGS", erzählt Ihnen Dennis. Aus persönlichem Interesse begleiten Sie den Jungen.

In der OT arbeiten die beiden Diplom-Sozialpädagogen Jan und Maik je 30 Stunden pro Woche. Sie fragen, ob Sie hospitieren dürfen. „Ja, das ist kein Problem. Wir sind offen für jeden – halt eine Offene Tür" erwidert Jan.

„Bevor es die OGS gab, hatten wir noch einen richtigen Kinderbereich, so eine Art Hort", erzählt Jan weiter. „Das wird nun in der Form nicht mehr finanziert. Trotzdem öffnen wir noch um 12:30 Uhr für alle Kinder die keinen OGS-Platz bekommen haben oder deren Eltern die Betreuung der Kinder mehr oder weniger egal ist. Wir bieten zusammen mit einigen Honorarkräften und Ehrenämtlern einen Mittagssnack, Hausaufgabenbegleitung, freies Spiel und Aktionen an – jetzt eben nur auf Sparflamme." „Das Geld dafür stammt aus verschiedenen Töpfen", fügt Maik hinzu. „Da muss man z. T. richtig kreativ sein und neue Wege der Finanzierung finden, da sich für unsere Besucher außer uns doch keiner so recht zu interessieren scheint."

Dennis haben Sie während des Gesprächs kaum noch wahrgenommen. Es geht laut zu, die Kinder spielen Kicker, Billard und Brettspiele. Viele Kinder rennen rein und raus, spielen vor und um die OT Fußball und Fangen. Und da sehen Sie mittendrin wieder Dennis, wie er lautstark ein Foulspiel reklamiert und einen Freistoß einfordert. „Den hämmer ich rein wie Lukas Podolski", tönt er.

Ab 18 Uhr steht das Haus nur noch für Jugendliche ab 14 Jahren zur Verfügung, ab 20 Uhr nur noch für Besucher ab 16 Jahren. „Das hat mit dem Jugendschutz zu tun", erklärt Jan. „Und außerdem möchten wir den Jugendlichen einen Raum bieten, in dem sie sich möglichst ungestört treffen können. Da ist die Gruppe der Gleichaltrigen sehr wichtig. Kinder, aber auch Eltern stören da nur", fährt Maik fort und ergänzt: „Abends leisten wir eben Jugendarbeit."

↘ KOMPETENZEN

→ *Die Absolventinnen verfügen über exemplarisches fachtheoretisches Wissen über Ansätze zur Bildung, Erziehung und Betreuung in Kleingruppen in den klassischen Arbeitsfeldern der Kinder- und Jugendhilfe.*

Analyse + Bewertung
→ *Bd. 2 S. 257 f.*

1 Vergegenwärtigen Sie sich die Situation in der Offenen Tür: Mit welcher Altersgruppe arbeiten die Fachkräfte in der Offenen Tür bzw. wer sind die Adressaten (vgl. Kein Kinderkram!, Bd. 2, Kapitel 4.2.1)?

1: Kinder- und Jugendarbeit in einer „Offenen Tür"

2 Machen Sie sich mit den Entwicklungsphasen und Entwicklungsaufgaben (vgl. Kein Kinderkram!, Bd. 2, Kapitel 4.1.3 und 4.1.4) der Besucher der Offenen Tür vertraut.

Wissen + Verstehen

→ *Bd. 2 S. 253 ff.*

_____

_____

_____

_____

_____

_____

_____

_____

_____

3 Was kennzeichnet außerschulische Kinder- und Jugendarbeit – generell und auf eine Offene Tür bezogen?

Wissen + Verstehen

_____

_____

_____

_____

_____

_____

_____

4 Stellen Sie mithilfe einer Mindmap dar, welche Aufgaben pädagogische Fachkräfte innerhalb der Kinder- und Jugendarbeit in einer Offenen Tür haben. Lesen Sie dazu in „Kein Kinderkram!", Bd. 2 die Kapitel 4.2 und 4.3.

Planung + Konzeption

→ *Bd. 2 S. 257 ff.*

Mindmap: **Aufgaben der Fachkraft**
- Beziehungsaufbau und Gestaltung
- Konzeptarbeit

5 Tauschen Sie sich zunächst mit einem Partner, dann im Plenum über Ihre Erarbeitungen der Aufgaben 1–3 und über Ihre Mindmap aus.

Analyse + Bewertung

6 Diskutieren Sie den Satz: „Es hängt in der Jugendpflege nicht weniger als alles von der Person des Jugendpflegers ab" *(Dehn, 1929, entnommen aus: Thole, 2000, S. 161; vgl. auch Kapitel 4.2.3 in Kein Kinderkram! Band 2).*

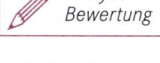

Reflexion

→ *Bd. 2 S. 258 ff.*

HEIMERZIEHUNG UND BETREUTE WOHNFORMEN

Heimerziehung und betreute Wohnformen

1: Leben in der Wohngruppe

„Wenn ich an meinen ersten Praxistag im Heim zurückdenke, muss ich etwas schmunzeln", erzählt Ihnen die Gruppenleiterin einer mit drei weiteren Fachkräften besetzten Heimgruppe, in der Sie ein Praktikum absolvieren. „Ich hatte immer die Vorstellung, hier gäbe es nur karge Holzbänke, große Schlafsäle mit schäbigen Hochbetten und arme Waisenkinder. Aber davon sind wir weit entfernt, oder?" Sie nicken mit dem Kopf und erinnern sich an die Führung über das fast zehn Hektar große Heimgelände inmitten einer idyllischen Landschaft. Neben der Verwaltung und einer Kapelle gibt es hier 18 Wohngruppen, die z.T. in freistehenden Gebäuden, z.T. in einem größeren zusammenhängenden Gebäudetrakt untergebracht sind. Die Wohngruppen verfügen fast ausnahmslos über Einzelzimmer und speziell nach den Bedürfnissen der Kinder und Jugendlichen konzipierte Gemeinschaftsräume wie Küche, Ess-, Wohn- und Spielzimmer. Auch ein Arbeits- und Schlafzimmer inklusive angeschlossenem Bad für die Erzieher ist immer vorhanden. Zudem gibt es mehrere Apartments. Diese werden von Jugendlichen alleine oder in Form einer WG bewohnt, die sich explizit auf ein selbstständiges Leben außerhalb des Heims vorbereiten.

Für die Arbeit mit den Bewohnern stehen eine Vielzahl von In- und Outdoorangeboten wie Kletterparcours, verschiedene Sportplätze sowie Bewegungsräume bzw. Turnhallen zur Verfügung, von denen eine zu einer Boulderhalle gestaltet wurde. Auch Räume für heilpädagogisch-therapeutische Angebote werden vorgehalten. Eine Besonderheit des Heimes ist der Kinderbauernhof mit vielen Tieren wie Hamster, Kaninchen, Hühnern, Enten, Schweinen, Schafen und Eseln.

Bei den nach z.T. erzieherischen Schwerpunkten konzipierten Gruppen wird auf eine ausgewogene Belegung geachtet, d.h. die Kompetenzen und Bedürfnisse der Bewohner ergänzen sich bzw. bedingen keine unverhältnismäßig starken Beeinträchtigungen der Gruppe oder einzelner Bewohner.

Sie sind in der „Gruppe Lila" eingesetzt, die in dieser Zusammensetzung seit eineinhalb Jahren besteht. Hier leben jeweils vier Jungen und Mädchen im Alter von 12 bis 17 Jahren. Während die Mädchen mit 14 und 15 Jahren eine altershomogene Gruppe bilden, liegen die Jungen mit 12 Jahren (Yannick), 13 Jahren (Gurwinder), 16 Jahren (Alexander) und 17 Jahren (Petrick) altersmäßig weiter auseinander. Und das führt neben den individuellen Belangen immer wieder zu Streitigkeiten wegen bestimmter Rechte. Beispielsweise dürfen die älteren Bewohner Konsolenspiele mit entsprechender Alterskennzeichnung spielen, erhalten ein höheres Taschengeld und dürfen länger fernsehen. Vor allem Petrick scheint es Freude zu bereiten, seinen Halbbruder Yannick mit diesen Privilegien zu ärgern. Yannick wiederum hat ein sehr aufbrausendes Temperament und lässt seine Wut häufig an den Erziehern aus, indem er diese bedroht und gezielt provoziert. Schon mehrmals beschädigte er Einrichtungsgegenstände, bastelte sich real benutzbare Schlag- und Stichwaffen und zündelte auf dem Heimgelände. Aus der Dokumentation der Hilfeplangespräche wissen Sie, dass aktuell bei Yannick ein Diagnoseverfahren zu ADHS und Pyromanie durchgeführt wird.

Drei der vier Mädchen zeigen sich sehr zurückhaltend. Eine von ihnen, Yasemine (14 Jahre), leidet an einer Essstörung – an Anorexia nervosa – wie Sie ihrer Akte entnehmen können. Jenny hingegen ist sehr kontaktfreudig, vor allem Jungen gegenüber. Sie schminkt und kleidet sich auffällig und kokettiert damit, häufig „guten Sex" zu haben. Beim Mittagessen sagte sie: „Logisch, alle Männer finden mich geil." Darauf angesprochen erzählt Ihnen die Gruppenleiterin, dass Jenny als Kind mehrfach sexuell missbraucht wurde und sie anscheinend „diese Art des Umgangs" damit entwickelt hat. Darüber hinaus entsprechen Jennys Aussagen sehr häufig nicht der Wahrheit.

Gemeinsames Abendessen der Gruppe

↘ KOMPETENZEN

→ *Die Absolventinnen und Absolventen verfügen über Wissen um rechtliche Rahmenbedingungen sozialpädagogischen Handelns und können dies konzeptionell anwenden.*

1: Leben in der Wohngruppe

1 Notieren Sie spontan (unverzüglich nach dem Lesen des Textes, ohne darüber zu grübeln), was Sie empfinden. Zeit: zwei Minuten.

Wissen + Verstehen

2 Tauschen Sie sich mit einem Partner über Ihre Empfindungen aus. Was wird ähnlich, was wird anders empfunden? Besprechen Sie, worin die Unterschiedlichkeiten begründet sind.

Analyse + Bewertung

3 Analysieren Sie das Fallbeispiel aus verschiedenen Perspektiven:

a) die Gruppe insgesamt/mögliche Untergruppen

b) die Kinder und Jugendlichen individuell (Entwicklungsstand, Bedürfnisse etc.)

c) Ausstattung
   → der Gruppe (räumlich und personell)
   → des Heimgeländes

Analyse + Bewertung

4 Stellen Sie dar, auf welcher rechtlichen Grundlage im Fallbeispiel mit den Kindern und Jugendlichen gearbeitet wird (s. Kein Kinderkram!, Bd. 2, Kap. 5.1.1).

Wissen + Verstehen

→ *Bd. 2 S. 272*

5 Erarbeiten Sie, welche Aufgaben und Ziele die Heimerziehung hat (s. Kein Kinderkram!, Bd. 2, Kap. 5.1.3).

Planung + Konzeption

→ *Bd. 2 S. 274*

6 Erstellen Sie, abgeleitet von Ihrer Analyse, den rechtlichen Grundlagen und den Aufgaben und Zielen der Heimerziehung, ein mögliches Konzept für die Arbeit mit den Bewohnern der Gruppe. Gehen Sie dabei u. a. auf folgende Aspekte ein:

a) individuelle Begleitung/Förderung unter Berücksichtigung des Entwicklungsstands, des Geschlechts (Gender), (besonderer) Bedürfnisse usw.

b) die gesamte Gruppe Lila, die Gruppe der Mädchen/Jungen, die Älteren/Jüngeren, besondere Verbindungen wie Verwandtschaft, ähnliche Privilegien, ähnliche Verhaltensweisen, gleiche Bedürfnisse etc.

Beachten Sie beim Konzept zudem die Möglichkeiten, die das Heim insgesamt bzw. das Gelände bietet.

Planung + Konzeption

PÄDAGOGISCHES HANDELN IN BESONDEREN SITUATIONEN

Pädagogisches Handeln in besonderen Situationen

→ Bd. 1
S. 285

1: Handlungskonzepte in Konfliktfällen

Eine Mutter sucht im Internet einen Kindergarten für ihren Sohn. Sie lebt in Berlin, ist verwitwet und alleinerziehend. Besonderen Wert legt sie auf Bildung, möchte aber auch über den Umgang mit Konflikten informiert werden und fragt daher nach Konfliktkonzepten.

Im ersten Kindergarten hat sie erfahren, dass die Erzieherinnen bei Konflikten abwarten und wenn die Kinder handgreiflich werden, würden sie eingreifen. Es gibt Sanktionen, z. B. den „stillen Stuhl". Dort kann das Kind, das mit dem Streit angefangen hat überlegen, was es getan hat und darf nicht mehr am gemeinsamen Spiel teilnehmen.

Im zweiten Kindergarten gibt es ein Zelt, das dauerhaft im Raum steht, um Konflikte zu bearbeiten.

Die Leiterin sprach von einem Konfliktmodell, nach welchem die Kinder im Konfliktfall mit der Erzieherin dort hineingehen und ihren Konflikt in fünf aufeinanderfolgenden Schritten lösen. *(vgl. Band 1, HF 3, Kap. 6, S. 285)*

Im dritten Kindergarten wird ihr das Bensberger Mediations-Modell® (BMM®) vorgestellt, das sie in ihrer Einrichtung fest verankert haben und nach dem alle Erzieherinnen umfassend ausgebildet worden sind. Es ist ein Programm zur Prävention gegen Gewalt und unterstützt die friedliche Lösung realer Konflikte mit seinen Möglichkeiten der Intervention. Es bietet in einem strukturierten Trainingsprogramm allen Kindern feste Regeln, Sprach- und Handlungsmuster zur konstruktiven Konfliktlösung an.

Sie lernen z. B. im „Herzenskreis" ihre eigenen Gefühle und die der anderen Kinder wahrzunehmen und sprachlich zu benennen, eine wichtige Übung zur Entwicklung der Empathie und Vorbereitung des Rollenwechsels. Die Konfliktbearbeitung wird nicht allein den Erwachsenen überlassen, sondern die Kinder lernen zunehmend selbständig und eigenverantwortlich ihre Konflikte zu lösen.

Die Mutter möchte das Programm gerne näher kennenlernen. Die Leiterin stellt die Konfliktlösungskonzepte des BMM® auf einem interaktiven Elternabend vor.

↘ KOMPETENZEN

→ *Aufbau einer systemischen Konfliktkultur durch den Erwerb von konstruktiven Konfliktlösekompetenzen bei realen Konflikten und im präventiven Training.*

→ *Soziales und werteorientiertes Handeln durch Ausrichtung auf die Werte: Gewaltlosigkeit, Zulassen von Anderssein, Empathie, Partizipation, Eigenverantwortlichkeit, Dialogorientierung*

→ *Erkenntnis, dass sich die Professionalität in konstruktiver Konfliktbearbeitung erst durch intensives Training und die Änderung der eigenen Haltung erreichen lässt. Sie wird auch im Umgang mit Eltern sichtbar und erfahrbar.*

Analyse + Bewertung

1 Um einen Schulungsbaustein des BMM® kennenzulernen, führen Sie im Anschluss an die folgenden Kurzinformationen über das Bensberger Mediations-Modell® (BMM®) ein Rollenspiel mit einer Streitgeschichte durch und suchen Sie im Internet oder durch Befragungen nach weiteren Konfliktkonzepten.

> **Hinweis: Informationen zum BMM®**
>
> Das Bensberger Mediations-Modell® (BMM®) hat sich im Alltag vieler Kindertagesstätten und Schulen bewährt. Es ist eines der ersten ganzheitlich vernetzten Mediationsmodelle für Kinder und Jugendliche, das von der Kindertagesstätte bis zur Berufsschule Trainingsbausteine anbieten kann. Es bindet die Peer-Mediation, das inklusive Lernen und das Elterntraining mit ein.
>
> Das Bensberger Mediations-Modell® arbeitet nach den Standards des Bundesverbandes Mediation und ist wissenschaftlich von den Kriminologen der Ruhr-Universität Bochum evaluiert worden. Die Ergebnisse von Dr. Jan Köhler weisen deutlich eine gewaltreduzierende Wirkung und eine starke Förderung der sozialen Kompetenzen, besonders im Bereich der Konfliktfähigkeit bei den Schulkindern, nach. Die Studie unterstützt überzeugend die Ansicht, das BMM® möglichst früh, beginnend im Elementarbereich zu implementieren und der Präventionsarbeit neben der Intervention einen hohen Stellenwert zuzuordnen.

Folgende Ziele werden seit den neunziger Jahren mit dem BMM® angestrebt:
→ Einführung von Mediation in Kindertagesstätten und allen Schulformen
→ Verankerung/Implementierung im System Schule/Kindertagesstätte
→ Ermöglichung einer nachhaltigen Wirkung und Sicherung von Qualität
→ kontinuierliche Weiterentwicklung durch hohe Praxisorientierung
→ horizontale und vertikale Vernetzung in den Bildungseinrichtungen
→ Integration der Mediation in Lehrpläne und Schulgesetze

Aus dem umfangreichen Trainingsprogramm in der Kindertagesstätte sollen zwei kurze Beispiele aus dem Bereich der Intervention und Prävention Erwähnung finden.

Bei der Intervention (Realkonflikt) haben die Kinder die Möglichkeit zu lernen, wie eine Streitvermittlung nach dem BMM® abläuft, bei der sie nicht beschämt, beschuldigt oder bestraft werden. Sie findet in angenehmer Atmosphäre mit dem BMM®-Baustein „Erst-Hilfe im Streit" statt. Sie lernen dabei, Gesprächsregeln einzuhalten, den eigenen Streitanteil zu benennen, über ihre eigenen Gefühle zu sprechen, selbst eine konstruktive Lösung vorzuschlagen und mit dem Streitpartner Frieden zu schließen. Das Streitschlichtungsgespräch kann an einem „Friedenstisch" stattfinden, der mit einer kleinen Decke, einer Friedenstaube, einem Herz und einer Kerze geschmückt ist. Die Kinder mögen diese Symbole und viele Einrichtungen haben auf Wunsch der Kinder eine feste „Friedensecke" für Schlichtungen eingerichtet.

Bei dem aufbauenden Stufenprogramm der Prävention „Anders streiten" ist es wichtig, dass die Kinder ihr „Handwerkszeug" regelmäßig üben und wiederholen, damit es sich nachhaltig einprägt, im Realkonflikt eingesetzt werden und langfristig zu einer Verhaltensänderung führen kann.

2 Sie haben im Anschluss die Möglichkeit, einen Einblick in das umfangreiche BMM® Präventionsprogramm zu bekommen und einen kleinen Teil selbst auszuprobieren (die folgende Übung eignet sich als Gruppenarbeit für 3–4 Personen):

Planung + Konzeption

Einführung einer Streitgeschichte

Im Präventionsbereich steht am Anfang jeder Übung eine Streitgeschichte, mit deren Hilfe die Elemente der konstruktiven Konfliktbearbeitung trainiert werden können. Die Streitgeschichte muss gründlich eingeführt sein, damit sie jedem Kind gut bekannt ist und auch das Kind mit Förderbedarf damit üben kann. Die Streitgeschichte „Paula und Fatma" ist dem umfangreichen und anschaulichen Arbeitsmaterial (MeMoMix) entnommen, das passend zu dem BMM® entwickelt wurde. Dazu gehören auch sechs Puppen, ein Erzähltheater, viele Bildergeschichten und Mal- und Bastelvorlagen.

Von sieben Trainingsbausteinen wird hier nur einer als exemplarisches Beispiel dargestellt.

1) Vorbereitung des Rollenspiels

Legen Sie bitte folgende Materialien bereit:
Handpuppen Paula und Fatma (falls vorhanden), Streitgeschichte „Paula und Fatma" als großes Bild, Fingerpüppchen „Paula und Fatma", Stifte, bunte Namenskarten. Eine kleine Kindergruppe sitzt im Kreis.

Paula und Fatma

→ Paula und Fatma sitzen am Tisch und malen.
→ Paula malt einen schönen Fisch.
→ Fatma kritzelt über Paulas Bild.
→ Paula nimmt Fatmas Bild und zerreißt es.

PÄDAGOGISCHES HANDELN IN BESONDEREN SITUATIONEN

2) Streitgeschichte einprägen

E: „Ich habe euch heute eine Streitgeschichte von Paula und Fatma mitgebracht. Die Streitgeschichte ist nicht bei uns passiert, sondern in einer anderen Kindertagestätte. Paula und Fatma haben sich gezankt …"

Die Erzieherin erzählt die Streitgeschichte mithilfe der Handpuppen und/oder zeigt auf das Bild von Paula und Fatma. Die Kinder hören zu.

E: „Wer kann noch einmal erzählen, was passiert ist?"

E: „Wer spielt die Geschichte nach?"

Die Kinder erzählen und spielen die Streitgeschichte mit Handpuppen nach.

3) Streitanteile nennen

E: „Was hat Paula getan, das es zum Streit kam? Das ist ihr Streitanteil."

E: „Was hat Fatma getan, dass es zum Streit kam? Das ist ihr Streitanteil."

Die Streitanteile von Paula und Fatma werden benannt und auf der Bildergeschichte mit Pfeilen gekennzeichnet.

4) Rollen übernehmen

E: „Setzt euch zu zweit nebeneinander. Jeder von euch schlüpft in eine Rolle, entweder von Paula oder Fatma."

Die beiden Kinder, die nebeneinander im Kreis sitzen, entscheiden sich für eine der beiden Rollen, entweder für Paula oder Fatma. Sie erhalten farbige Namenskärtchen oder ein Fingerpüppchen.

Paula: „Ich bin jetzt Paula."

Fatma: „Ich bin jetzt Fatma."

Diesen Vorgang mit einem Bewegungsritual einführen.

Wenn sich die Kinder nicht einigen können, welche Rolle sie übernehmen, entscheidet der Würfel. Wer die höchste Augenzahl geworfen hat, darf seine Rolle zuerst aussuchen.

5) In der Ich-Form erzählen

E: „Erzählt, was ihr als Paula oder Fatma im Streit erlebt habt!"

Paula: „Ich, Paula, habe erlebt, dass ..."

Fatma: „Ich, Fatma, habe erlebt, dass ..."

Die Erzieherin bittet mehrere Kinder zu erzählen, was sie als Paula oder Fatma erlebt haben.

Nun ist die Streitgeschichte gut bekannt, und jedes Kind kennt seine eigene Rolle. Nach dem Programm der Prävention „Anders streiten" üben die Kinder nach und nach die weiteren Bausteine. Sie lernen über die eigenen Gefühle zu sprechen, den eigenen Streitanteil zu benennen und beim Rollenwechsel (in den Schuhen des anderen laufen) sich in den Konfliktpartner hineinzuversetzen. Ältere Kinder lernen später, im Dialog über ihre gemalten/geschriebenen Lösungsideen zu verhandeln und gemeinsam einen Friedensvertrag zu malen/zu schreiben. Für jüngere Kinder sind mündliche Friedenslösungen sinnvoll.

Alle diese Handlungsschritte werden beim BMM® durch geeignetes Übungs- und Bildmaterial unterstützt und können hier in diesem Rahmen nicht nachgespielt werden.

6) Auswertung

→ Wie schwer war es für Sie den Ablauf einzuhalten?
→ Wie haben die Konfliktpartner (Kinder im Rollenspiel) auf den Ablauf reagiert?
→ Was haben Sie im Rollenspielprozess bei sich selbst beobachtet?
→ Nehmen Sie Stellung zu folgenden Thesen:
  - Streitgeschichten wirken präventiv, wenn sie von Kindern gespielt und bearbeitet werden
  - durch die Verarbeitung von Streitgeschichten erhalten Kinder Handwerkszeug, um mit Streit anders umzugehen

Quellen

Braun/Püttmann: Kinder bauen Brücken zueinander, Bensberger Studien 16, 2005
Braun/Hünicke u. a.: Anders streiten lernen Bensberger Studien 18, 2010
Braun/Schmiegel/Schuster-Mehlich: Konflikte lösen lernen Bensberger Studien 17, 2009
www.memomix-streitschlichtung.de
www.bensberger-mediations-modell.de

3 Beurteilen und diskutieren Sie die folgende These im Hinblick auf ihre Umsetzbarkeit:

Reflexion

„Die hohe Wertschätzung der Mediation im Alltag als ein Instrument der Konfliktbearbeitung wird damit begründet, dass die Kinder durch das Vorbild der Mediatorin/des Mediators einen hohen Lerngewinn erzielen. Sie erfahren, dass durch die konstruktive Form der Gesprächsführung ihnen einfühlsam zugehört wird. Sie werden ernst genommen, weil ihnen Lösungen für den eigenen Konflikt zugetraut werden. Sie erfahren Empathie und lernen, die eigenen Anteile im Konflikt zu benennen, ohne Angst, bestraft zu werden. Durch den Perspektivenwechsel erfahren sie, wie es sich anfühlt, ‚in den Schuhen des anderen zu gehen'. Die Entwicklung der Selbstregulation und Selbstwirksamkeit wird durch Mediation gefördert. In den Bildungsplänen werden sie als Basiskompetenzen angeführt." *(Spektrum der Mediation Nr. 49, S. 10, 2013)*

Erziehungs- und Bildungspartnerschaften in verschiedenen Tätigkeitsfeldern

→ Bd. 2
S. 280
S. 312 ff.

1: Gegenseitige Erwartungen von Eltern und Erziehern

Nilgün überlegt, in welchem Arbeitsfeld sie nach der Ausbildung arbeiten möchte: im Elementarbereich, im Heim oder in der Offenen Ganztagsbetreuung (OGS). Unter anderem macht sie sich dabei Gedanken über die Eltern, mit denen sie Kontakt haben würde.

Sie hat die Möglichkeit, im Elementarbereich in einer Elterninitiative zu beginnen, doch ist sie sich nicht sicher, ob ihr das gefallen würde. Die Eltern bilden den Vorstand und haben viel mehr Mitspracherechte als bei anderen Trägern. Außerdem arbeiten die Eltern im Tagesablauf mit – Nilgün befürchtet, dadurch sehr nervös zu sein, da sie sich wahrscheinlich beobachtet fühlen würde. Auf der anderen Seite gibt es wie überall Eltern, die gar nicht mithelfen wollen und sich nicht für die Arbeit in der Kita interessieren – hauptsache ihr Kind ist versorgt. Das ist natürlich auch ärgerlich. Im letzten Praktikum waren die Eltern aber sehr nett und haben beim Projekt geholfen, haben Material mitgebracht und bei einer Modenschau zugeschaut.

Nilgün meint, dass sie dagegen in einem Heim im Alltag nicht viel mit Eltern zu tun hätte, zumindest würde sie sie nicht ständig treffen. Das Verhältnis stellt sie sich schwierig vor. So oft sind die Eltern schuld, wenn das Kind ins Heim kommt und Symptomträger für die vielen Probleme zu Hause ist. Es soll ja Eltern geben, die sich gar nicht mehr für ihr Kind interessieren und sich nicht an Absprachen halten oder Jugendliche, die ihre Eltern nicht mehr sehen wollen. Vor allem stellt sie sich die Arbeit schwer vor, wenn sie manche Eltern nicht leiden kann. Es würde dann sehr viel Professionalität verlangen, trotzdem „vernünftig" zusammenzuarbeiten. Nilgün ist sich klar darüber, dass von Beginn an die Eltern in die Arbeit einbezogen werden müssen, z. B. bei der Erstellung des Hilfeplans und Klärung der Ziele. Sie fragt sich aber, ob sie diesen Belastungen gewachsen wäre. Und wenn man sie dann noch kritisieren würde, hm ... Aber sicherlich wächst man da auch hinein und kann passende Fortbildungen besuchen.

In ihrer momentanen Praxisstelle, einer OGS, kommen die Kinder nach der Schule alleine, und nur die Jüngeren werden noch abgeholt. Viele Kontakte erfolgen schriftlich. Aber neue Eltern sind zu Beginn des Schuljahres auch unsicher und suchen das Gespräch – oft wegen Auseinandersetzungen der Kinder untereinander: Eine Mutter beschwerte sich einmal, dass ihr Sohn von zehn Mädchen verprügelt worden sei und wollte wissen, ob das denn niemand mitbekommen habe. Schulische Fragen und Fragen zu den Hausaufgaben gibt es auch oft: So fordern Eltern immer wieder, dass die OGS für sämtliche Hausaufgaben zuständig sei und nicht noch welche für zu Hause übrig sein dürften oder dass die OGS verstärkt AGs anbieten sollte, die den Schulunterricht ergänzen. Die organisatorischen Aufgaben (Wer geht heute mit wem und wann wohin? Gibt es dafür das Einverständnis eines Erziehungsberechtigten? Haben alle Eltern für den Ausflug bezahlt?) empfindet Nilgün inzwischen als Routine.

Nilgün weiß, dass die Arbeit ohne Eltern nicht machbar ist und dass es für die Kinder wichtig ist, dass Erzieher und Eltern an einem Strang ziehen. Aber Nilgün hofft, dann eine kompetente und am liebsten etwas ältere Kollegin an ihrer Seite zu haben, die sie unterstützen kann.

Eltern sind Partner und Kunden

↘ KOMPETENZEN

→ *Die Studierenden entwickeln ein differenziertes Rollenverständnis, das Aspekte der Dienstleistungsorientierung und der Unterstützung von Familien enthält.*

→ *Die Absolventinnen verstehen Gemeinsamkeiten und Unterschiede, analysieren sie und setzen sie in Beziehung zu den Erwartungen und Bedürfnissen von Familien.*

1 Welche Befürchtungen und welche Wünsche kommen zum Ausdruck, wenn Nilgün an die Zusammenarbeit mit Eltern denkt?

Analyse + Bewertung

Wünsche	Befürchtungen

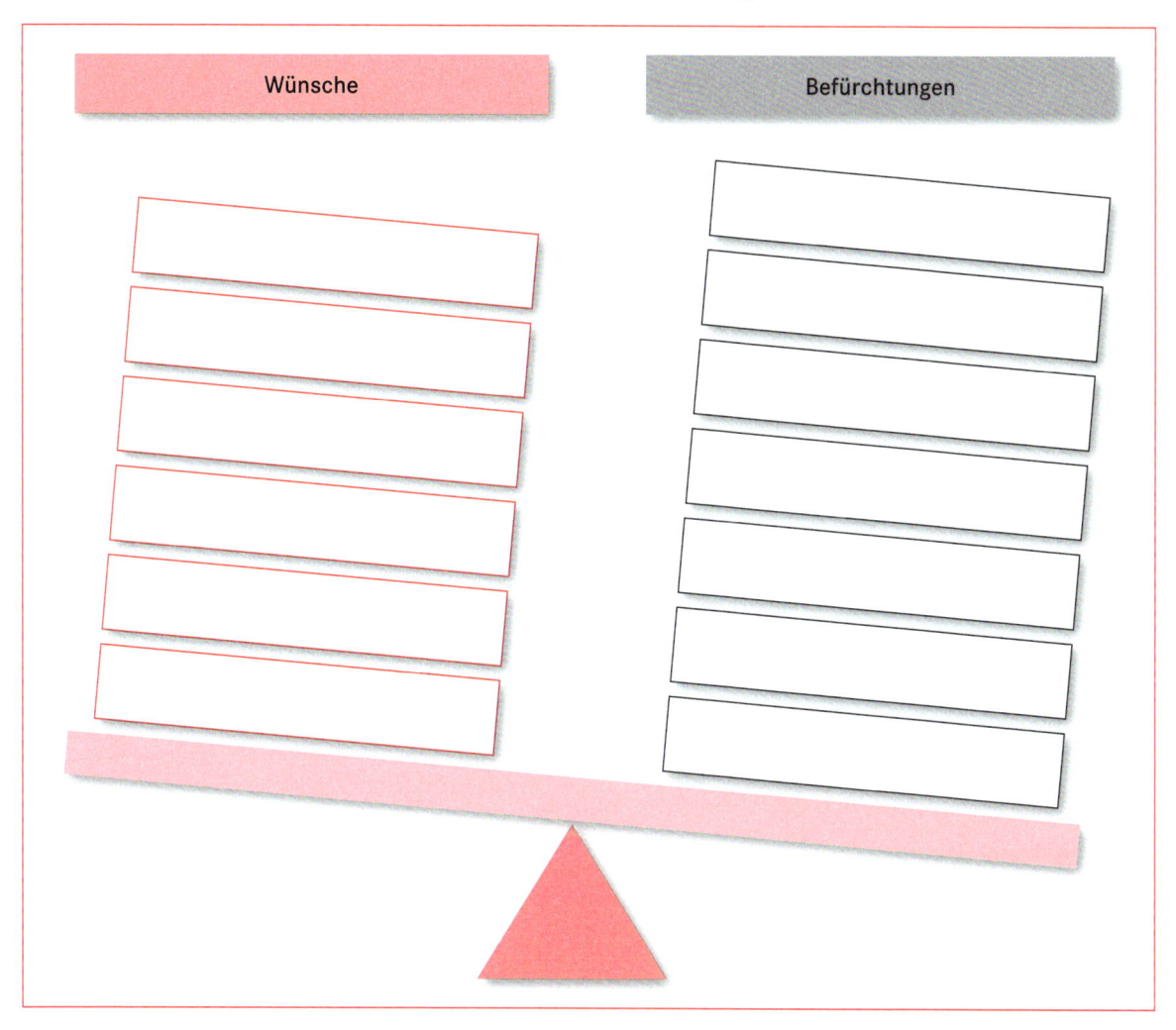

2 Denken Sie an Ihre eigenen Erfahrungen: Finden Sie eigene Wünsche und Befürchtungen auf der Waage wieder?

Analyse + Bewertung

a) Markieren Sie Überschneidungen oben farbig. Formulieren Sie Unterschiede und Ergänzungen hier unten.

_____
_____
_____
_____
_____
_____
_____

b) Karussell-Methode: Setzen Sie sich paarweise in einer Kreisform gegenüber, sodass sich ein Innen- und ein Außenkreis ergeben.

Diejenigen im Innenkreis beginnen, dem Partner ihre Ergebnisse und eigenen Erfahrungen vorzustellen. Sie haben fünf Minuten Zeit.

Die Zuhörer im Außenkreis passen auf, machen sich bei Bedarf Notizen. Nach den fünf Minuten können Sie kurz Ihre Eindrücke rückmelden.

Dann gehen die Studierenden im Außenkreis zwei Plätze weiter nach rechts. Für den Austausch mit dem neuen Partner stehen wieder fünf Minuten zur Verfügung. Diesmal beginnen die Studierenden im Außenkreis, diejenigen im Innenkreis hören zu und machen sich Notizen.

In einer weiteren Runde beginnt wieder der Innenkreis.

ERZIEHUNGS- UND BILDUNGSPARTNERSCHAFTEN IN VERSCHIEDENEN TÄTIGKEITSFELDERN

c) Überlegen Sie gemeinsam aufgrund des Gehörten, wie Sie die Ergebnisse darstellen.

d) Diskutieren Sie abschließend Chancen und Gefahren, die in den Wünschen und Befürchtungen enthalten sein können. Halten Sie diese schriftlich fest.

Analyse + Bewertung

3 Professionalität verlangt – unabhängig von den eigenen Einstellungen –, andere Sichtweisen einzunehmen und andere Menschen zu verstehen. Dazu soll die folgende Aufgabe mit Bezug auf die Eingangssituation dienen.

> Methodenhinweis: Zählen Sie im Plenum bis sechs durch. Jede Zahl ist für eine Personengruppe zuständig:
>
> 1 Eltern der Elterninitiative
> 2 Eltern aus dem Heim
> 3 Eltern der Offenen Ganztagsbetreuung
> 4 Erzieherin in der Elterninitiative
> 5 Erzieherin im Heim
> 6 Erzieherin in der Offenen Ganztagsbetreuung

Beschreibung für Personengruppe 1:

Sie sind Eltern von Kindern in einer Elterninitiative. Sie zahlen einen höheren Beitrag als es in einer Einrichtung eines anderen Trägers erforderlich wäre. Einige von Ihnen arbeiten ehrenamtlich als Vorstandsmitglieder und nehmen an monatlichen Sitzungen teil. Einige sind bereit, einmal in der Woche in der Gruppe mitzuhelfen, manche helfen, wenn die Köchin ausfällt. Einige arbeiten viel und sind froh über die langen Öffnungszeiten der Kita. Manche sprechen nur wenig Deutsch und wenden sich nur an die türkische Erzieherin, wenn sie etwas auf dem Herzen haben.

Beschreibung für Personengruppe 2:

Sie sind Eltern von Kindern und Jugendlichen einer Außenwohngruppe. Das Kind eines Ehepaars lebt erst seit kurzer Zeit dort und sein Trennungsschmerz und seine Trauer sind noch akut. Ein Elternteil wohnt weit entfernt, telefoniert aber öfters mit dem Kind. Mehrere von Ihnen sind arbeitslos und haben Alkoholprobleme. Manche haben keinen Kontakt mehr zu ihren jugendlichen Kindern. Einige Eltern sind selber noch sehr jung und waren mit ihren Kindern völlig überfordert.

Beschreibung für Personengruppe 3:

Sie sind Eltern von Kindern aus der OGS. Sie sind alle berufstätig, denn das war ein Kriterium für einen Platz in der OGS. Oft rufen Sie an, wenn sich z. B. Arbeitszeiten verschieben oder um wegen organisatorischer Dinge Bescheid zu sagen. Manche Eltern engagieren sich im Elternrat der Einrichtung, einige helfen öfters bei den Vorbereitungen für ein Fest. Einige von Ihnen sind nur noch sehr selten in der Einrichtung, da Ihre Kinder inzwischen selbstständig unterwegs sind.

Beschreibung für Personengruppe 4–6:

Sie sind Nilgün (Personengruppe 4) und haben sich für die Arbeit in der Kindertagesstätte entschieden, Sie (5) arbeiten im Heimbereich, Sie (6) arbeiten als Erzieherin in der OGS.

Wissen + Verstehen

a) Bearbeiten Sie zunächst jede für sich:

Aufgabe für Personengruppen 1 bis 3:
Versuchen Sie, sich in mögliche Eltern dieser Einrichtungsart hineinzuversetzen und sich ein Bild von ihnen zu machen. Beziehen Sie eventuelle eigene Erfahrungen mit ein. Halten Sie Ihre Ideen in einer Mindmap fest:

→ Wie sind die Lebensumstände der Personen?
→ Welche Wünsche und Befürchtungen haben sie in Bezug auf ihre Kinder?
→ Welche Einstellungen haben sie in Bezug auf Kindererziehung?
→ Was ist ihnen in Bezug auf die Betreuung ihrer Kinder wichtig?
→ Welche Erwartungen haben sie an die Erzieherin?

1: Gegenseitige Erwartungen von Eltern und Erziehern

Aufgabe für Personengruppen 4 bis 6:

Versuchen Sie, sich in Nilgün hineinzuversetzen und sich ein Bild von ihr zu machen. Eigene Ansichten können mit einfließen. Halten Sie Ihre Ideen in einer Mindmap fest:

→ Welche Einstellungen hat Nilgün den Eltern gegenüber?

→ Was ist ihr in Bezug auf eine Erziehungs- und Bildungspartnerschaft mit den Eltern wichtig?

→ Welche Erwartungen hat sie an die Eltern?

b) Finden Sie sich in sechs Gruppen mit jeweils der gleichen Gruppennummer zusammen.

Analyse + Bewertung

Aufgabe für alle Gruppen:

Erstellen Sie in Ihrer Gruppe eine Übersicht der individuellen Ergebnisse.
Diskutieren Sie Gemeinsamkeiten und Unterschiede.

c) Nutzen Sie Ihre Ergebnisse als Grundlage für folgende Aufgabe:

Analyse + Bewertung

Aufgabe für Gruppe 1 bis 3:

Schreiben Sie Nilgün einen Brief, in dem Sie ihr als Eltern der zugeordneten Einrichtungsart Ihre Ansichten erklären und wie Sie sich die Zusammenarbeit wünschen. Erläutern Sie Nilgün auch, was Sie dort von einer Erzieherin erwarten.

Aufgabe für Gruppe 4 bis 6:

Schreiben Sie (4) den Eltern der Elterninitiative, (5) den Eltern des Heims, (6) den Eltern der OGS einen Brief, in dem Sie ihnen erklären, wie Sie über die Erziehungs- und Bildungspartnerschaft denken und wie Sie sich die Zusammenarbeit wünschen. Erläutern Sie den Eltern auch, was Sie von ihnen erwarten.

d) Tauschen Sie die Briefe aus: Gruppe 1 mit 4, Gruppe 2 mit 5, Gruppe 3 mit 6.

Analyse + Bewertung

Lesen Sie gemeinsam den erhaltenen Brief. Äußern Sie mithilfe von Redekärtchen Ihre Meinungen.

Methodenhinweis:

Redekärtchen erstellen Sie leicht, indem jede Studierende ein DIN-A6-Blatt Papier (am besten in unterschiedlichen Farben) in vier Teile teilt. Wenn die Studierende ihre Meinung äußern möchte, legt sie eine Karte aus. Wenn jemand alle Kärtchen verbraucht hat, dann muss diejenige erst abwarten, bis die anderen Teammitglieder ihre Karten ebenfalls durch Beiträge verbraucht haben. Erst dann kann eine zweite Runde eingeläutet werden.

e) Antworten Sie schriftlich auf den Brief. Tauschen Sie dann Ihre Briefe erneut aus.

f) Reflektieren Sie im Plenum Ihre Erfahrungen:

Reflexion

→ Fiel es Ihnen leicht, sich in die Personen hineinzuversetzen?

→ Waren die individuellen Vorstellungen über die Personen sehr unterschiedlich, als Sie in den Gruppen zusammen kamen?

→ Welche Erfahrungen haben Sie als Gruppe beim Erstellen der Briefe gemacht?

→ Welche inhaltlichen Schlussfolgerungen ziehen Sie aus den Briefwechseln?

→ Halten Sie fünf Erkenntnisse für sich persönlich fest:

1. _____

2. _____

3. _____

4. _____

5. _____

ERZIEHUNGS- UND BILDUNGSPARTNERSCHAFTEN IN VERSCHIEDENEN TÄTIGKEITSFELDERN

Planung + Konzeption

4 Wie stellen Sie sich Ihre eigene Kommunikation mit Eltern vor?

a) Listen Sie Ihre Gedanken in der Karteikarte auf:

Was erwarte ich von den Eltern?
_____
_____
_____
_____
_____

Was muss gegeben sein, damit ich mich im Umgang mit Eltern sicher fühle?
_____
_____
_____
_____
_____

Wie möchte ich die Kommunikation mit Eltern gestalten?
_____
_____
_____
_____
_____

Welche Fähigkeiten benötige ich im Umgang mit Eltern?
_____
_____
_____
_____
_____

b) Setzen Sie sich zu zweit zusammen und interviewen Sie sich gegenseitig. Erst befragt die eine Person ihre Partnerin gezielt über die Ergebnisse. Danach wechseln die Rollen.

Wenn sich dadurch neue Gedanken ergeben, können diese in der Karteikarte ergänzt werden. Oder Aspekte werden noch einmal überdacht und verändert.

c) Diskutieren Sie die Ergebnisse im Plenum.

d) Nutzen Sie die Ergebnisse für Ihr weiteres Praktikum. Besprechen Sie mit Ihrer Praxisanleitung, inwieweit Sie sich in die Elternarbeit einbringen können und weitere erforderliche Fähigkeiten erwerben können.

2: Schriftliche Kommunikation mit Eltern

→ Bd. 2
S. 320

Olga hat während einer Teamsitzung die Aufgabe bekommen, eine Einladung an die Eltern zu einem Elternabend zu erstellen. Bei der nächsten Teamsitzung legt sie ihren Entwurf vor. Die Erzieherinnen schütteln nur den Kopf.

SO NICHT:

> Köln 02.02.14
>
> Hallo!
>
> Das Außengelände mus umgestaltet werden.
>
> Wir würden uns freuen wenn sich am 05.05. möglichst viele kommen und mithelfen.
>
> Eine Woche vorher findet ein Elternabend statt, um den Ablauf zu planen!!!!
>
> Das Kiga-Team Sonnenkinder
>
> Zu Ihrer Info: Das wollen wir nicht mehr:
>
> Der Lebensraum Stadt zeichnet sich mehr und mehr durch den Verlust von Freiflächen aus – Baulücken werden durch neue Häuser geschlossen, Brachland als Parkplatz zubetoniert. Gelände ist oft „privat" und deshalb nicht zugänglich. Freiflächen in Stadtteilen, die sich Kinder selbstständig erobern und gestalten können, sind äußerst selten geworden. Wo können Kinder außerhalb der Stadt noch unbeobachtet in einem Schuppen oder einer Garage kramen, ein Waldstück entdecken oder in einen Bach fallen, in einer Werkstatt unter eine Motorhaube schauen? Die Zunahme des Autoverkehrs führt außerdem zu einer starken Gefährdung der Kinder, die sich in diesem öffentlichen Raum bewegen oder gar spielen wollen. Dies führt dazu, dass die Stadt den Charakter einer Insellandschaft bekommt: Für jedes Bedürfnis gibt es einen bestimmten, zugewiesenen Platz.
>
> Weil die Stadt aber so eng und gefährlich geworden ist, werden Kindern eigens zum Spielen gestaltete Plätze zur Verfügung gestellt. Schon die ersten Spielplätze zeigten die typischen Merkmale: Umzäunung und Spielgeräte wie Sandkasten, Schaukel, Wippe. Damit geben sie Kindern zu manchen elementaren Bewegungsbedürfnissen Möglichkeit. Dennoch sind die Möglichkeiten traditioneller Spielplätze begrenzt. Spielplätze regen nicht an zu intensiven Gemeinschaftsspielen wie Rollenspielen oder Wettspielen …

↘ KOMPETENZEN

→ Die Absolventinnen verfügen über die Fertigkeit, Kommunikationsprozesse und -strukturen mit Eltern und anderen Bezugspersonen zu analysieren und Schlussfolgerungen für die weitere Zusammenarbeit zu ziehen.

→ Die Absolventinnen verfügen über Wissen zu Formen und Methoden der Öffentlichkeitsarbeit in sozialen Einrichtungen.

ERZIEHUNGS- UND BILDUNGSPARTNERSCHAFTEN IN VERSCHIEDENEN TÄTIGKEITSFELDERN

Wissen + Verstehen
→ Bd. 2 S. 320 f.

1 Warum sind die Erzieherinnen mit Olgas Einladungsbrief unzufrieden?

a) Beachten Sie fachliche Kriterien für die schriftliche Kommunikation mit Eltern in „Kein Kinderkram", Bd. 2, HF 4, Kap.1.2.1.

Analyse + Bewertung

b) Markieren Sie Fehler, unpassende Formulierungen, inhaltliche und formale Mängel. Am Rand können Sie auch Anmerkungen machen.

c) Vergleichen Sie in Vierer-Gruppen Ihre Korrekturen und Anmerkungen und vervollständigen Sie sie.

Planung + Konzeption

2 a) Entwickeln Sie in Ihrer Kleingruppe ein **Rollenspiel**, in dem Sie die Teamsitzung darstellen, in der Olga ihren Brief vorlegt. Die Erzieherinnen besprechen mit Olga den Brief und beraten sie.

Reflexion

b) Die Rollenspiele werden vorgestellt und reflektiert:

→ Wie haben die Erzieherinnen Olga beraten?

→ Welche Kriterien sind allen Gruppen wichtig gewesen?

Halten Sie diese Kriterien fest:

Analyse + Bewertung

3 Sammeln Sie Elternbriefe, Einladungen, Infotexte für Eltern etc., und bringen Sie diese zu einem vereinbarten Termin mit in den Unterricht.

a) Bilden Sie Kleingruppen und legen Sie das mitgebrachte Material in die Mitte. Jedes Gruppenmitglied hat zunächst Zeit, sich die Materialien ungestört anzusehen und sich Stichworte dazu aufzuschreiben:

→ Was fällt mir auf?

→ Welche Kriterien werden berücksichtigt – welche außer Acht gelassen?

→ Was gefällt mir – was eher nicht?

b) Tauschen Sie mithilfe von Redekärtchen Ihre Meinung aus. Einigen Sie sich, welche Materialien gelungen sind, und sortieren Sie diese aus.

Stellen Sie die positiven Merkmale dieser Materialien heraus:

_____   _____

_____   _____

_____   _____

_____   _____

c) Übertragen Sie die Merkmale auf ein Plakat.

d) Üben Sie sich darin, Ihre Materialien mündlich anzupreisen, die Qualität zu betonen und mithilfe des Plakats zu erklären. Achten Sie darauf, dass sich alle Gruppenmitglieder beteiligen.

4 Marktgeschrei *Reflexion*

a) Die Gruppen bauen ihre Stände auf, möglichst in einer Kreisform.

Dann werden nacheinander (!) die ausgewählten Materialien angepriesen, lautstark und anschaulich, um die Zuhörer von der besonderen Qualität der eigenen Produkte zu überzeugen.

b) Reflektieren Sie Ihre Erfahrungen und Ergebnisse. In einem Blitzlicht nimmt jede Studierende kurz Stellung.

5 Erstellen Sie in Einzelarbeit für Olga einen neuen, anschaulichen, inhaltlich und formal korrekten Einladungsbrief. Beachten Sie die bisher erarbeiteten Kriterien und Merkmale. *Planung + Konzeption*

6 Hängen Sie alle Einladungen in der Klasse auf und nummerieren Sie sie. *Analyse + Bewertung*

a) Schauen Sie sich die Einladungen in Ruhe an. Dabei sollten Sie nicht miteinander sprechen, um sich nicht gegenseitig zu beeinflussen. Stattdessen notieren Sie Ihre Gedanken in Stichworten – mit der zugehörigen Nummer versehen, um den Überblick zu behalten.

b) Danach erhält jede Studierende einen kleinen Zettel zur Beurteilung: Schreiben Sie drei Nummern von den ausgehängten Einladungen auf, die Ihrer Meinung nach die Kriterien besonders berücksichtigt haben und Ihnen gut gefallen haben. Die Zettel werden wie bei einer geheimen Wahl ausgezählt.

c) Diskutieren Sie das Ergebnis. Welche Schlussfolgerungen ziehen Sie daraus für die Zusammenarbeit mit den Eltern und anderen Bezugspersonen? *Reflexion*

d) Auch in anderen sozialpädagogischen Arbeitsfeldern (Heim und Ganztagsbetreuung der Schulkinder) sind schriftliche Kommunikationsformen mit den Erziehungsberechtigten Alltag.

→ Inwieweit lassen sich die Kriterien und Ergebnisse darauf übertragen?

→ Worin sehen Sie Unterschiede?

Halten Sie Ihre Überlegungen in der Tabelle fest:

Schriftliche Kommunikation in anderen Arbeitsfeldern	
Gleiche Kriterien	**Unterschiede**

ERZIEHUNGS- UND BILDUNGSPARTNERSCHAFTEN IN VERSCHIEDENEN TÄTIGKEITSFELDERN

3: Ausflüge und Feste

In die Welt hinausgehen – Die Welt in den Kindergarten holen

→ Bd. 2 S. 326

Teilnehmer eines Ausflugs

Sommerfest im Kindergarten

Der katholische Kindergarten „St. Josef" liegt in einem kleinen Dorf in einer ländlichen Gegend. Die Einrichtung besteht aus zwei Gruppen: die „Sonnengruppe" mit 20 Kindern von zwei bis sechs Jahren und die „Sternschnuppen", eine Kleinstkindergruppe mit zehn Kindern zwischen vier Monaten und drei Jahren.

In der größeren Gruppe arbeiten eine Erzieherin (30 Jahre alt) und eine Kinderpflegerin (20 Jahre), in der kleinen Gruppe zwei Erzieherinnen (26 und 40 Jahre) sowie eine Berufspraktikantin (22 Jahre), die alle zwei Wochen mittwochs zur Schule muss. Die pädagogischen Fachkräfte sind schon seit mehreren Jahren in der Einrichtung tätig. Der 22-jährigen Berufspraktikantin fiel der Einstieg nicht leicht, da die Fachkräfte schon so eingespielt waren. Inzwischen hat sie sich aber eingelebt. Die Kinderpflegerin ist Türkin und mit 20 Jahren die Jüngste. Nach der Ausbildung hat sie in diesem Kindergarten eine Stelle gefunden.

Die Leiterin der Einrichtung ist 35 Jahre alt und seit fünf Jahren Leiterin dieser Einrichtung.

In der letzten Großteamsitzung wurde beschlossen, nach langer Zeit endlich mal wieder einen Ausflug oder ein Fest zu planen. Fragen über Ort, Teilnehmer, Kosten, Organisation usw. blieben noch offen. Die Mitarbeiterinnen der „Sonnengruppe" sind bereit, Ausflugs- oder Festideen zu entwickeln. Alle Übrigen sollen sich Gedanken machen über ihre Erwartungen und Ziele. Auch die Eltern wurden durch einen Aushang informiert.

Unter den Eltern befinden sich sieben türkische und zwei griechische Familien. Einige haben sich den westlichen Gepflogenheiten in Kleidung und Essgewohnheiten angepasst, manche leben religiös nach muslimischen Vorgaben. Drei deutsche Mütter sind alleinerziehend. In den meisten Familien sind beide Elternteile berufstätig, in drei Familien sind die Eltern arbeitslos. Einige Familien im Dorf leben in größeren Mehrfamilienhäusern, der überwiegende Teil aber in Ein- bis Zweifamilienhäusern, z. T. im Neubaugebiet. Acht Kinder leben außerhalb des Dorfes auf Bauernhöfen.

↘ KOMPETENZEN

→ *Die Absolventinnen und Absolventen kennen verschiedene Modelle, Methoden und Formen der Bildungs- und Erziehungspartnerschaft.*

→ *Die Absolventinnen und Absolventen besitzen Fachwissen über rechtliche und institutionelle Rahmenbedingungen für die Zusammenarbeit mit Eltern und anderen Bezugspersonen.*

→ *Die Absolventinnen und Absolventen verfügen über die Fertigkeit, bedarfsgerechte Angebote zu planen und zu organisieren.*

1   Stimmen Sie im Plenum darüber ab, ob Sie sich mit der Planung einer Feier oder eines Ausflugs beschäftigen möchten.

Hinweis:

In dieser Lernsituation werden die Aufgaben am Beispiel einer Ausflugsplanung formuliert. Die Überlegungen für ein Fest wären aber identisch – lediglich die inhaltlichen Schwerpunkte würden sich verschieben.

3: Ausflüge und Feste

2 Planspiel

Methodenhinweis:

Bilden Sie für das Planspiel vier Zufallsgruppen. Jeder Gruppe wird nun eine Personengruppe zugeordnet: Mitarbeiterinnen der Sonnengruppe, Mitarbeiterinnen der Sternschnuppen, Leitung, Eltern. Jede Gruppe erhält eine eigene Aufgabenstellung. Die Lehrperson legt ein Zeitlimit fest. Gespräche der Gruppen untereinander, wie sie in der Realität z. B. zwischen Eltern und Erziehern oder unter Kolleginnen zwischen den Gruppen oder mit der Leitung stattfinden, müssen schriftlich erfolgen. Die Briefe werden von der Lehrperson als Moderator weitergeleitet. Falls zwischen den Gruppen Besprechungen gewünscht werden, müssen diese mit der Lehrperson in der Länge abgesprochen werden.

a) Finden Sie sich zunächst in die beschriebene Situation und in die Personen ein. Eventuell verteilen Sie innerhalb Ihrer Gruppe die Zuständigkeit für einzelne Personen. Halten Sie in einer Mindmap Ihre Gedanken zu den jeweiligen Personen fest.

Wissen + Verstehen

Beachten Sie die vorgegebene Zeit, um die Aufgabe zu bearbeiten. Anschließend wird eine Teamsitzung erfolgen, an der jeweils ein Vertreter aus jeder Gruppe teilnimmt. Bestimmen Sie denjenigen **erst am Ende** der Arbeitsphase durch Auslosung.

b) **Mitarbeiterinnen der Sonnengruppe** (Erzieherin, Kinderpflegerin):

Sie sammeln Ideen, wohin der Ausflug gehen könnte.

→ Worauf müssen Sie achten?
→ Was ist Ihnen wichtig?
→ Haben beide Mitarbeiterinnen ähnliche Vorstellungen?
→ Wie viele Vorschläge sind sinnvoll?

Planung + Konzeption

Denken Sie daran: Wenn Sie mit anderen Kolleginnen oder Eltern darüber sprechen wollen, geht dies nur schriftlich über den Moderator/die Lehrkraft.

Stellen Sie Ihre Ideensammlung auf der nächsten Teamsitzung auf einem Plakat vor.

Unsere Vorschläge für einen Ausflug:

Leitung:

→ Warum wollen Sie, dass nach längerer Zeit wieder ein Ausflug stattfindet?
→ Welche Ziele sind Ihnen dabei wichtig?

Analyse + Bewertung

Notieren Sie diese auf gelben Moderationskarten.

Denken Sie daran: Wenn Sie mit Ihren Mitarbeiterinnen oder Eltern darüber sprechen wollen, geht dies nur schriftlich über den Moderator/die Lehrkraft.

→ Was ist Ihnen bei der nächsten Teamsitzung wichtig?
→ Worauf werden Sie achten?

Machen Sie sich dazu Stichworte auf der „Karteikarte" (siehe folgende Seite).

ERZIEHUNGS- UND BILDUNGSPARTNERSCHAFTEN IN VERSCHIEDENEN TÄTIGKEITSFELDERN

Analyse + Bewertung

Mitarbeiterinnen der Sternschnuppengruppe (zwei Erzieherinnen, Berufspraktikantin):

→ Warum wollen auch Sie, dass ein Ausflug stattfindet?
→ Welche Ziele sind Ihnen dabei wichtig?

Notieren Sie diese auf grünen Moderationskarten.

Denken Sie daran: Wenn Sie mit anderen Kolleginnen oder Eltern darüber sprechen wollen, geht dies nur schriftlich über den Moderator/die Lehrkraft.

Ihnen werden auf der nächsten Teamsitzung Ausflugsmöglichkeiten vorgestellt werden:

→ Welche Ausflugsarten werden Ihnen gefallen?
→ Welche Interessen haben Sie dabei?
→ Worauf werden Sie achten?

Machen Sie sich dazu Stichworte auf der „Karteikarte" (siehe unten).

Analyse + Bewertung

Eltern:

→ Was denken Sie über die Ausflugsplanung?
→ Haben alle Eltern ähnliche Meinungen?
→ Welche Ziele sind Ihnen dabei wichtig?

Notieren Sie diese auf blauen Moderationskarten.

Denken Sie daran: Wenn Sie mit den Mitarbeiterinnen der Einrichtung darüber sprechen wollen, geht dies nur schriftlich über den Moderator/die Lehrkraft.

Dem Elternvertreter werden auf der nächsten Teamsitzung Ausflugsmöglichkeiten vorgestellt werden:

→ Was würden Sie sich wünschen?
→ Welche Interessen haben Sie dabei?
→ Worauf soll der Elternvertreter achten?

Machen Sie sich dazu Stichworte auf der „Karteikarte" (siehe unten).

3: Ausflüge und Feste

c) **Die nächste Teamsitzung findet statt.** Aus jeder Gruppe nimmt ein Vertreter teil, auch ein Elternvertreter wurde eingeladen. Der Gruppenvertreter hat die Aufgabe, die Gruppenergebnisse innerhalb seiner Rolle (Leitung, Eltern, Erzieherin) in die Teamsitzung einzubringen.

Planung + Konzeption

→ Die Lehrkraft legt ein Zeitlimit fest
→ Die Leiterin eröffnet die Sitzung

Die übrigen Gruppenmitglieder sind Beobachter, machen sich Notizen und dürfen sich während der Teamsitzung nicht äußern. Jegliche Gruppendiskussion kann erst später erfolgen.

Teamsitzung am ...

Thema: Unser nächster Ausflug!

Teilnehmer: Leiterin, Vertreter der Eltern, der Sonnengruppe und der Sternschnuppengruppe

TOP 1: Vorstellung der Ausflugsideen und der Ziele
Vergleich der Ziele und Zuordnung zu den Ausflugsmöglichkeiten

TOP 2: Diskussion und Einigung über den Ausflugsort und die angestrebten Ziele

TOP 3: Verteilung der weiteren Aufgaben:
(hier keine detaillierte Planung, sondern nur Aufgaben für die nächste Gruppenarbeit festlegen)
- Was muss geregelt und geplant werden?
- Wer übernimmt was?
→ Übersicht erstellen

(mögliches Datum, Zeit/Dauer, Transport, (zumutbare) Kosten, Verpflegung, Material, Geschehen vor Ort/ Ablauf, Elterneinbindung, ...)

Ergebnisse der Teamsitzung: Wer übernimmt was?

Leitung	Sonnengruppe	Sternschnuppen-gruppe	Eltern

d) Nach der Teamsitzung erfolgt eine weitere Gruppenarbeitsphase, in der die Entscheidungen aus der Teamsitzung umgesetzt werden. Eventuell sind Gespräche oder Briefverkehr mit anderen Gruppen erforderlich.

Halten Sie Ihre Planungsergebnisse auf einem Plakat fest.

Losen Sie am Ende einen neuen Vertreter für die Teilnahme an der nächsten Teamsitzung aus. Die vorherigen losen nicht mehr mit.

ERZIEHUNGS- UND BILDUNGSPARTNERSCHAFTEN IN VERSCHIEDENEN TÄTIGKEITSFELDERN

e) Die **abschließende Teamsitzung** vor dem Ausflug erfolgt.

Hängen Sie Ihre Plakate nebeneinander, sodass man einen guten Überblick erhält.

Jeder Vertreter erklärt und begründet die Entscheidungen seiner Gruppe. Diskutieren Sie die Ergebnisse, verändern Sie eventuell noch Aspekte.

Beschließen Sie die Sitzung mit einer endgültigen Entscheidung.

Ergebnis – Übersicht

DER AUSFLUG NACH _____

Reflexion

f) **Reflexion:**

Die Reflexion erfolgt zunächst innerhalb der **Kleingruppen:** Diskutieren Sie dort Ihren Arbeits- und Gruppenprozess. Achten Sie darauf, dass jedes Gruppenmitglied Stellung nimmt.

Halten Sie zentrale Erkenntnisse schriftlich fest:

_____
_____
_____
_____
_____
_____
_____

g) Besprechen Sie anschließend diese Aspekte im **Plenum,** indem jede Gruppe ein kurzes Statement abgibt und erst dann die freie Diskussion erfolgt.

Beziehen Sie die Ergebnisse auf die Realität, die Sie bisher während Ihrer Praktika kennengelernt haben.

Evaluation des Planspiels: Wie beurteilen Sie die Organisation, den Verlauf und die Methode?

3 Fragen Sie in Ihrer Praxisstelle nach, ob es möglich ist, Ihre Ausflugsplanung in die Tat umzusetzen. Berichten Sie von Ihren Erfahrungen.

4: Eltern mit Migrationshintergrund

→ Bd. 1 S. 115 f.
→ Bd. 2 S. 338 f.

Laura absolviert ein Praktikum in einer Kindertagesstätte der Arbeiterwohlfahrt. Diese liegt in einem Stadtteil mit hohem Erneuerungsbedarf und der Anteil der Familien mit Migrationshintergrund ist hoch.

Heute kommt ein neues Kind zur Eingewöhnung. Es heißt Hanife und ist 3;3 Jahre alt. Laura hat die Erzieherin über Hanife befragt: „Wo kommt Hanife her, hat sie Geschwister?" Frau Reinert, ihre Anleiterin, erzählt, dass Hanife noch vier ältere Geschwister hat und ihre Eltern aus der Türkei kommen. Hanife ist in Deutschland geboren. Sie wurde von ihrem Vater, der ganz gut deutsch spricht, in der Tageseinrichtung angemeldet.

Es ist neun Uhr und Laura sieht, wie Hanife mit ihrer Mutter über den Hof kommt. Frau Reinert begrüßt beide sehr freundlich. Sie geht auf Augenhöhe mit Hanife und fragt sie, ob sie sich freut in den Kindergarten zu kommen. Hanife sagt nichts, die Mutter lächelt. Frau Reinert fragt Hanife, ob sie Hausschuhe dabei hat. Hanife weint und versteckt sich hinter ihrer Mutter. Die Mutter sagt: „Ja, Socken", und bittet Hanife auf Türkisch, die Schuhe auszuziehen. Hanife zieht die Schuhe aus und steht in Socken vor Frau Reinert. „Es wäre gut, wenn Sie morgen Hausschuhe für Hanife mitbringen können", sagt Frau Reinert zu der Mutter. Diese sagt nichts. Frau Reinert fragt Hanife, ob sie mit in den Gruppenraum kommen möchte. Hanife nimmt die Hand der Mutter und geht mit.

Alle drei stehen jetzt im Gruppenraum. Zwei Mädchen kommen und fragen, wer das ist. Hanife sagt nichts, schaut aber interessiert zu, was die beiden Mädchen machen. Sie spielen nun ein Spiel mit Laura.

Nach 20 Minuten weint Hanife nicht mehr, und Frau Reinert fragt die Mutter, ob Hanife eine Stunde alleine in der Einrichtung bleiben kann. „Ja", sagt die Mutter, verabschiedet sich auf Türkisch von Hanife und Frau Reinert. Sie bleibt im Eingangsbereich der Tageseinrichtung stehen. Frau Reinert kümmert sich um Hanife, die sich zu Laura und den beiden Mädchen traut.

Nach einiger Zeit muss Laura etwas aus der Küche holen und sieht Hanifes Mutter im Eingangsbereich warten. Laura wundert sich, warum die Mutter dort steht und fragt Frau Reinert. Diese schlägt Hanifes Mutter vor, solange einkaufen zu gehen und dann in einer Stunde wiederzukommen. „Nein, warten auf Hanife", sagt die Mutter, „Hanife nicht alleine hier kann." Frau Reinert ist ratlos.

↘ KOMPETENZEN

→ Die Absolventinnen und Absolventen wissen um die Einflüsse kultureller Prägung und ethnischer Zugehörigkeit auf familiäre Lebenssituationen.

→ Die Absolventinnen und Absolventen verstehen Gemeinsamkeiten und Unterschiede, analysieren sie und setzen sie in Beziehung zu den Erwartungen und Bedürfnissen von Familien mit Migrationshintergrund.

---

1 Mutter und Tochter finden sich gerade in der deutschen Sprache zurecht. Auch Fragen der Erziehung sind für die Mutter offen. Alles ist neu, die Tageseinrichtung, die vielen Kinder und Erzieherinnen. Zu Hause haben sie bisher fast nur Türkisch gesprochen, und Hanife kann nur wenig Deutsch.

Analyse + Bewertung

a) Überlegen Sie in Einzelarbeit, wie Mutter und Kind die neue Situation erleben und welche Leistungen sie erbringen müssen, um sich an die neue Situation zu gewöhnen. Wie kann die Erzieherin beiden den Übergang in die Tagesstätte erleichtern?

ERZIEHUNGS- UND BILDUNGSPARTNERSCHAFTEN IN VERSCHIEDENEN TÄTIGKEITSFELDERN

Das erlebt die Mutter ...	Das erlebt Hanife ...	Das kann die Erzieherin tun ...

b) Suchen Sie sich eine Partnerin, die im gleichen Monat wie Sie Geburtstag hat.
→ Tauschen Sie sich über Ihre Tabellen aus.
→ Benennen Sie Handlungsweisen und Kompetenzen, die eine Erzieherin besitzen sollte, um Eltern und Kindern mit Migrationshintergrund den Einstieg in die Tageseinrichtung zu erleichtern.

Handlungsweisen und Kompetenzen:

_____   _____   _____
_____   _____   _____
_____   _____   _____
_____   _____   _____
_____   _____   _____
_____   _____   _____

Planung + Konzeption

2 Welche Kompetenzen hätten Sie selbst gerne?

Listen Sie die gewünschten Kompetenzen auf und überlegen Sie: Was kann ich tun, um diese zu erreichen?

Kompetenzen	Maßnahmen
→ _____	_____
→ _____	_____
→ _____	_____
→ _____	_____
→ _____	_____
→ _____	_____
→ _____	_____
→ _____	_____

Zusammenarbeit im Team

1: Eine Gruppenarbeit reflektieren

→ Bd. 2
S. 354 ff.

↘ KOMPETENZEN (DQR)

→ *Die Absolventinnen und Absolventen verfügen über Wissen zur Konzeptionsentwicklung im Team und in der Institution.*

→ *Die Absolventinnen und Absolventen verfügen über Fertigkeiten, wesentliche Kriterien für die Planung von Prozessen und Organisationsabläufen im eigenen Team zu entwickeln.*

1 Fertigen Sie in der Gruppe eine Mindmap zum Berufsbild Erzieherin/Erzieher an. Orientieren Sie sich dabei an folgenden Leitfragen:

→ Wo und mit wem arbeitet eine Erzieherin?
→ Welche Aufgabenbereiche muss eine Erzieherin erfüllen?
→ Welche Fähigkeiten muss eine Erzieherin haben?
→ Welche Einstellung sollte eine Erzieherin zu ihrem Beruf, zu Kindern, zu Eltern und zu sich selbst haben?
→ Welche Rolle spielt die Erzieherin in der Gesellschaft und was kann eine Erzieherin mit ihrer Arbeit bewirken?

Benutzen Sie dafür möglichst ein großes Din-A2-Blatt.

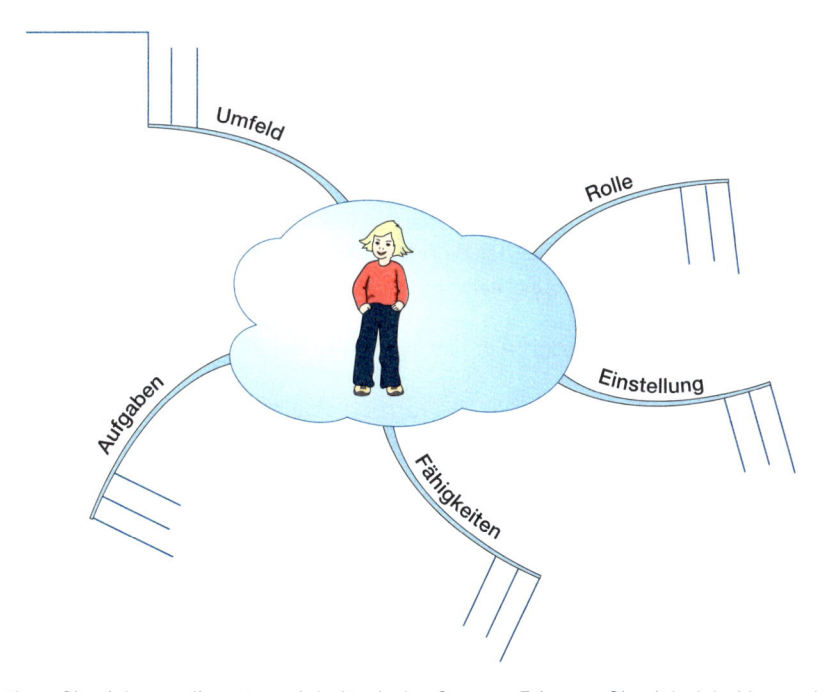

Wissen + Verstehen

a) Vergegenwärtigen Sie sich nun die getane Arbeit mit der Gruppe. Erinnern Sie sich dabei besonders an den Teamprozess:

→ Wer hatte welche Rolle?
→ Wer hat was gesagt?
→ Wie wurden Absprachen geregelt?
→ Wurden sie überhaupt geregelt?
→ Wie wurden Aufgaben verteilt?

Reflexion

87

ZUSAMMENARBEIT IM TEAM

→ Durch wen?
→ Wie haben Sie sich in Ihrem Team gefühlt?

Was mir aufgefallen ist:
_____
_____
_____
_____
_____
_____
_____
_____
_____
_____
_____
_____
_____
_____
etc.

Reflexion **b)** Reflektieren Sie danach die Teamarbeit in Ihrer Arbeitsgruppe auf der Metaebene vor dem Hintergrund Ihrer Überlegungen

> **Methodenhinweis:**
>
> Die Metaebene ist eine übergeordnete gedankliche Ebene, auf der man sich nicht mit den Inhalten der Gruppenarbeit beschäftigt, sondern mit den äußeren und inneren Umständen, wie die Arbeit abgelaufen ist. Man spricht dann z. B. über die Rollenverteilung, wer hat wie was gesagt, Dynamik und Gefühle in der Gruppe während der Arbeit usw. Das Wort Meta kommt aus dem Griechischen und wird meist in der Bedeutung von über, ober- oder außerhalb verwendet.

Reflexion **c)** Fassen Sie ihre Eindrücke und Ergebnisse zusammen und stellen Sie sie im Plenum vor. Diskutieren Sie Gemeinsamkeiten und Unterschiede.

2: Teamentwicklung – Vom Problem zur Lösung kommen

↘ **KOMPETENZEN**

→ *Die Absolventinnen und Absolventen verfügen über Fertigkeiten, die eigene Teamsituation auf der Grundlage von Kriterien zu analysieren, weiterzuentwickeln und ggf. Unterstützung zu organisieren.*

1 Legen Sie mit drei Seilen drei unterschiedlich große Kreise auf den Fußboden. Der innere Kreis steht für das Team, die beiden äußeren für den Einfluss von außen. *Wissen + Verstehen*

a) Jedes Teammitglied fragt sich, welches derzeit die anstehenden Probleme im Team sind. Dieses Problem wird kurz auf einem Metaplankärtchen notiert und an die entsprechende Stelle auf den Fußboden geklebt:

→ innerer Kreis: Probleme die das Team selber lösen kann

→ mittlerer Kreis: Probleme, auf die das Team zwar Einfluss hat, die es aber nicht unbedingt alleine lösen kann

→ äußerer Ring: Probleme, die weitestgehend außerhalb der Einflussmöglichkeiten des Teams liegen

Zeitvorgabe: zehn Minuten

b) Die Gruppe kann nun die Probleme benennen und ggf. zusammenfassen. Es kann nach Lösungsmöglichkeiten gesucht werden. Wichtig ist in diesem Zusammenhang, zu schauen, wo Grenzen des Teams sind und wo es ggf. seine Grenzen erweitern kann. Die Seile sind beweglich! Die (festgeklebten) Probleme kann man lösen! Es können ggfs. neue Möglichkeiten der Einflussnahme geschaffen werden und auch Lösungsmöglichkeiten für Probleme gefunden werden, die vorher außerhalb des eigenen Einflussbereichs lagen.

c) Die Ergebnisse können anschließend (ggf. an den Seilen) schriftlich fixiert und präsentiert werden.

d) Zur Reflexion des Gruppenprozesses können Sie die Aufgabe „Eine Gruppenarbeit reflektieren" auf Seite 89 heranziehen. *Reflexion*

Zeitvorgabe: 45 Minuten

3: City Bound

↘ **KOMPETENZEN**

→ *Die Arbeit in einer Gruppe und deren Lern- oder Arbeitsumgebung mitgestalten und kontinuierlich Unterstützung anbieten.*

→ *Eigene und fremd gesetzte Lern- und Arbeitsziele reflektieren, bewerten, selbstgesteuert verfolgen und verantworten sowie Konsequenzen für die Arbeitsprozesse im Team ziehen.*

Methodenhinweis:

City Bound ist ein erlebnispädagogischer Ansatz, der die Stadt als Aktions- und Lernfeld nutzt. Hier kann die Übung gut als Methode zur Teamentwicklung eingesetzt werden.

1 Gut geeignet ist eine Fußgängerzone, ein Platz mitten in der Stadt, wo sich viele unterschiedliche Menschen aufhalten. Hier soll nun ein Gruppenfoto entstehen, aber keine festen (Reise-)Gruppen, Schulklassen, Kindergärten o. Ä. *Planung + Konzeption*

ZUSAMMENARBEIT IM TEAM

Auf dem Foto sollten mindestens zu sehen sein:

→ zwei Personen mit Kopfbedeckung

→ zwei Menschen über 60

→ zwei Ausländer/innen

→ fünf weitere Frauen und Männer

außerdem:

→ ein Kinderwagen und/oder

→ ein Fahrrad

→ ein Tier

→ dazu beispielsweise Obst oder Gemüse o. Ä.

Zeitvorgabe: ca. 30–45 Minuten

Material: Digitalkamera, Stift, Schreibunterlage, Papier für Notizen

> **Hinweis:**
>
> Die Gruppenzusammenstellung auf dem Foto kann je nach Begebenheiten variieren. Beispielsweise kann verlangt werden, dass zwei bia drei Mitarbeiter eines in der Nähe gelegenen Geschäfts (oder Bank, Obststand etc.) auf dem Foto zu sehen sind. Oder man nimmt als Hintergrund einen historischen Ort der Stadt, der dann wieder einen Bezug zum direkten Umfeld darstellt. Der Fantasie sind hier keine Grenzen gesetzt. Ziel der Aufgabe ist es, als Gruppe und als Einzelperson eigene Grenzen zu überwinden. Dabei steht die Kommunikation in der Gruppe und mit dem Umfeld im Vordergrund. Eine besondere Herausforderung ist dabei der kreative Umgang mit spontan entstandenen Situationen.
>
> *Dreieck: Ich (oben) – Wir/Gruppe (unten links) – Umgebung/Situation/Aufgabe (unten rechts)*
>
> Im Vordergrund steht immer die individuelle Herausforderung in Verbindung mit der Interaktion in der Gruppe und der Aufgabe.

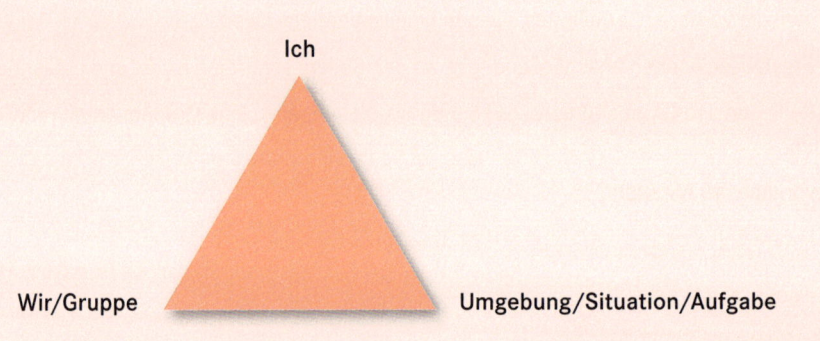

a) Der Gruppenprozess

Die Gruppe muss nun Aufgaben verteilen, organisieren und koordinieren. Dabei ergeben sich verschiedene Rollen und können übernommen werden. Die Aufgabe ist reiz- und anspruchsvoll. Im städtischen Alltag sollen Menschen, die nicht in die jeweilige Aufgabenstellung einbezogen sind und meistens etwas anderes vorhaben, motiviert werden, sich in eine relativ außergewöhnliche Situation zu begeben. So treten im Rahmen einer bestimmten Aufgabe die Teilnehmenden mit unbekannten Mitmenschen in Kontakt und müssen sie motivieren, überzeugen etc.

Reflexion

b) Gruppenarbeit

Nach der Aktion sollte genügend Zeit eingeplant werden, um das Geschehen zu reflektieren und sich auszutauschen. Die Erlebnisse werden vielfältig sein.

c) Plenum

Zur Präsentation eignet sich beispielsweise eine Sammlung „Sätze" von besonderen Situationen und Aussagen sowie positiven und negativen Rückmeldungen, die neben einem entsprechenden Foto platziert werden. Schön für alle Teilnehmenden ist es auch, wenn ihnen die Möglichkeit eingeräumt werden kann, auf einer Liste ihre E-Mail-Adresse zu hinterlassen, um ihnen das Foto anschließend zumailen zu können.

4: Das Kollegiale Beratungsmodell

Was ist passiert? Sie arbeiten seit zwei Wochen als Praktikantin in einer städtischen Kindertagesstätte. Während des Freispiels übernehmen Sie die Aufsicht über die drei- bis sechsjährigen Kinder. Plötzlich hören Sie Geschrei. Lisa (fünf), Timo (vier) und Janek (vier) kommen auf Sie zugelaufen und rufen Ihnen aufgeregt entgegen: „Hänschen hat auf den Sandberg gepinkelt." Sie sagen spontan: „Wie kann denn so etwas passieren?", und gehen zum Sandkasten. Dort hockt Hänschen (drei Jahre) und weint. Einige von den älteren Jungen stehen um ihn herum und lachen laut.

Lisa, Timo und Janek berichten: „Wir haben gerade angefangen, einen Tunnel zu bauen. Hänschen saß oben auf dem Berg und als wir neuen Sand holen wollten, hat er drauf gepinkelt."

Schnell nehmen Sie Hänschen an die Hand und wollen mit ihm die Toilette aufsuchen. Aber die Kinder rufen Ihnen nach: „Was sollen wir jetzt machen?" „Iiii", rufen die großen Jungen, wir brauchen neuen Sand. Sie fühlen sich überfordert und ratlos. Woher so schnell neuen Sand holen?

Ihrer Gruppenleiterin erzählen Sie von dem Vorfall und bitten Sie um einen Rat. Sie hat nur wenig Zeit und schlägt eine Kollegiale Beratung vor. Bevor Sie zustimmen, möchten Sie sich informieren, was darunter zu verstehen ist und vor allem, wie eine Kollegiale Beratung abläuft.

↘ KOMPETENZEN

→ *Die Absolventinnen und Absolventen verfügen über Wissen, Strukturen und Formen der Teamarbeit.*

→ *Die Absolventinnen und Absolventen verfügen über Fertigkeiten, Erziehungs-, Bildungs- und Hilfeplanungen gemeinsam mit dem Team zu entwickeln und reflektiert umzusetzen.*

→ *Die Absolventinnen und Absolventen verfügen über Fertigkeiten, Konzepte der Qualitätsentwicklung in der eigenen Einrichtung anzuwenden.*

1 **Planen** Sie nach Vorlage eine Kollegiale Beratung.

    → Nehmen Sie den oben beschriebenen Fall als Beispiel.

    → Verteilen Sie an die Rollenspieler die kopierten Vorlagen.

    → Entscheiden Sie, wer die Fallgeberin/der Fallgeber sein soll.

Planung + Konzeption

Ablaufschema einer Kollegialen Beratung (Vorlage)

Methode	Ratsuchende/r	Beratende Gruppe	Regeln/Stichworte	Zeit
1. Rollenverteilung	FallgeberIn	ModeratorIn ZeitgeberIn RegelhüterIn		ca. 5'–10'
2. Vorstellen des Falles	**Fallgeber beschreibt die Situation** Fall darstellen/beschreiben/evtl. visualisieren und eine Frage formulieren	zuhören, Notizen machen	noch keine Nachfragen oder Einwürfe	ca. 5'–10'

ZUSAMMENARBEIT IM TEAM

Methode	Ratsuchende/r	Beratende Gruppe	Regeln/Stichworte	Zeit
3. Ohne FallgeberIn	FallgeberIn macht sich Notizen	Die KollegInnen äußern kurz ihre Eindrücke, persönlichen Gefühle in der „Ich-Form"	keine Bewertung zulassen	ca. 10'
4. Befragung Es kann nachgefragt werden, z. B.: „Habe ich das richtig verstanden, dass ...", oder: „Was haben Sie genau gemacht, als ..." usw.	antwortet differenziert	interviewt den Ratsuchenden	nur Verständnis- und Informationsfragen, keine Probleminterpretationen	ca. 15'
Perspektivenwechsel	FallgeberIn macht sich Notizen	Die KollegInnen versuchen sich in die Rolle der Personen im Fallbeispiel hineinzuversetzen und die Gefühle und Bedürfnisse zu erfassen und zu artikulieren, evtl. in zwei Runden; z. B. erste Runde: Welche Gefühle und Bedürfnisse könnte die Erzieherin in der Situation gehabt haben? Zweite Runde: Welche Gefühle und Bedürfnisse hatte evtl. Hänschen?	Keine Bewertung der Handlungsweisen oder Vorschläge, wie man hätte handeln sollen!! Noch keine Lösungen vorgeben.	ca. 10'-15'
Lösungssuche	setzt sich außerhalb der Runde, hört zu und macht sich Notizen.	Diskussion untereinander über mögliche Ursachen, Vermutungen, eigene Fantasien und Lösungsansätze z. B.: „Ich, als Praktikantin, könnte mir vorstellen, dass ..." evtl. Kartenmethode wählen	darauf achten, dass FalldarstellerIn nicht angesprochen wird keine Bewertungen und keine „Hätte-Sätze" „Man"- oder „Wir"- Form meiden	ca. 10'
Entscheidung	setzt sich wieder in die Runde, nimmt Stellung, prüft die angebotenen Lösungsvorschläge, räumt Missverständnisse aus, erklärt, ergänzt, bewertet für sich, was neu und anwendbar ist	hört zu und korrigiert ggf. Vermutungen und eigene Lösungsvorstellungen	keine Diskussionen, evtl. zu Schritt 3 noch einmal zurückkehren	ca. 5'-10'
Feedback	FallgeberIn und KollegInnen teilen mit, wie es ihnen geht und was sie von diesem Gespräch für sich persönlich mitnehmen.	Wichtig! Nach Abschluss der Kollegialen Beratung sollte nicht wieder über den Fall diskutiert werden! Themenwechsel!!		ca. 5'-10'

(Zusammengestellt von Ingrid Rauner, Mediatorin BM, 2009 nach Haug-Benien, R. [1998], ähnlich: Fallner/Gräßlin [1990], Hendriksen, J. [2000])

Auswertung :

→ Wie beurteilen Sie nach Ihren Rollenspielerfahrungen das Kollegiale Beratungsmodell?

→ Wie schwer war es für Sie, sich an den Ablaufplan zu halten?

→ Begründen Sie, warum nach Ablauf der Kollegialen Beratung nicht mehr über den Fall gesprochen werden sollte.

4: Das Kollegiale Beratungsmodell

2 Erläutern Sie in Partnerarbeit aus kommunikationswissenschaftlicher Sicht folgende Aspekte, die auch bei der Anwendung des Kollegialen Beratungsmodells eine wichtige Rolle spielen und führen Sie dazu Beispiele an:

Reflexion

a) anteilnehmendes Zuhören (auch aktives Zuhören)

b) Spiegeln

c) Nichtverletzende Konfrontation

d) Nonverbale Botschaften

3 a) Diskutieren und ergänzen Sie nach Ihren Rollenspielerfahrungen die Informationen (s. u.) über Vor- bzw. Nachteile des Kollegialen Beratungsmodells.

Analyse + Bewertung

b) Diskutieren Sie folgende Fragestellung: Halten Sie das Kollegiale Beratungsmodell für ein Verfahren zur Qualitätssicherung für pädagogische Institutionen?

c) Bearbeiten Sie die Grenzen des Kollegialen Beratungsmodells und diskutieren Sie die hervorgehobenen Aspekte.

d) Formulieren Sie in schriftlicher Form ein Fazit im Hinblick auf die Qualitätsentwicklung in Ihrer Einrichtung.

Hinweis zum Kollegialen Beratungsmodell

Vorteile

- → kostengünstig, zeitökonomisch
- → bedarfs- und zielgruppenorientiert
- → Eigenverantwortlichkeit und Selbsthilfepotenzial der Beteiligten wird gestärkt
- → Gewöhnungseffekte und Abhängigkeiten werden vermieden

Kommunikative Fähigkeiten werden erweitert:

- → anteilnehmendes Zuhören
- → Ausdrücken von Gefühlen und Bedürfnissen
- → Spiegeln
- → Nichtverletzende Konfrontation
- → Achtsamkeit für nonverbale Botschaften
- → Reflexionsfähigkeit über das eigene Kommunikationsverhalten

Grenzen der Kollegialen Beratung (KB)

- → KB ist kein Ersatz für Therapie
- → Persönliche, intrapersonale Konflikte können nicht aufgearbeitet werden, wohl aber Unsicherheiten, Misserfolge, Lustlosigkeit und Erschöpfung sowie Probleme mit Kindern/Jugendlichen oder Kollegen oder dauerhafte Aversionen gegenüber Arbeitsplatz oder getroffener Berufswahl.
- → Einschränkungen ergeben sich durch fehlendes Vertrauen oder komplexe Spannungen und Konflikte im Team, wenn Sachinhalte zu Beziehungsthemen werden.
- → Einschränkungen durch institutionelle Zwänge sowie durch eine fehlende Unterstützung durch die Leitung bzw. dem Träger der Institution.
- → Die Nutzung der Kollegialen Beratung zur **subtilen Kontrolle** von beruflichen Fähigkeiten oder die aktive Einmischung in einen Fall machen ein pädagogisches Entscheiden auf der Basis der Kollegialen Beratung unmöglich.

Fazit:

_____

_____

_____

_____

ZUSAMMENARBEIT IM TEAM

In Netzwerken kooperieren und Übergänge gestalten

1: Kooperation mit anderen Institutionen

Tim (7;6 Jahre) besucht seit einem halben Jahr die Offene Ganztagsbetreuung seiner Grundschule. Sie waren von Beginn an seine Bezugserzieherin und haben ihn zunächst als unauffälligen, ruhigen Jungen wahrgenommen. Seit einiger Zeit jedoch mehren sich die Probleme: Tim redet nicht viel, vermeidet jeglichen Blickkontakt. Er beschäftigt sich meist alleine. Sie beobachten ihn einige Zeit, doch verstärkt sich das Verhalten weiter. Tim hat kaum Kontakt zu anderen Kindern, diese scheinen ihn zu ignorieren.

Eines Tages beobachten Sie, wie Tim im Baubereich verärgert gegen eine Brücke tritt, die zwei andere Mädchen gebaut haben. Tim fängt an zu weinen und läuft hinaus. Auf Ihre Fragen reagiert er nicht.

Weitere Beobachtungen und Gespräche mit der Lehrerin ergeben, dass Tim zunehmend wütend wird, wenn er glaubt, Anforderungen nicht bewältigen zu können. Er schubst oder tritt nach den anderen Kindern. Dann provozieren ihn vor allem Gleichaltrige oder lachen ihn aus. Sie als Erzieherin lässt Tim nicht mehr an sich heran.

In einem Gespräch mit der Mutter erfahren Sie, dass Tim schon früher auffällig war, aber es eigentlich im letzten Jahr besser geworden sei. Sie fragen nach, ob sich etwas in Tims Leben verändert habe. Die Mutter verneint. Es stellt sich aber heraus, dass die damals begonnene sozialpädagogische Familienhilfe, die der Kindergarten vermittelt hatte, inzwischen beendet ist, da die Eltern sie nicht mehr für notwendig erachteten. Sie selbst sehen darin einen möglichen Anhaltspunkt für Tims Verhalten und empfehlen, erneut spezielle Hilfe anzunehmen. Die Mutter reagiert zögerlich. Sie meint, Tim würde sich nur anstellen, so schlimm sei etwas Stress mit anderen Kindern nun auch nicht. Sein Vater würde viel mit ihm für die Schule üben, da dieser ja immer noch arbeitslos sei und deshalb Zeit habe. Tim soll später aufs Gymnasium gehen können – das sei wichtig. Sie selber habe nicht viel Zeit, sich um Tim zu kümmern. Nach einigem Zureden aber, vor allem die Erwähnung des Zusammenhangs zwischen Sozialverhalten und zunehmenden Schulschwierigkeiten, stimmen Sie die Mutter um. Sie wäre einverstanden, mit der Einrichtung zusammen aktiv zu werden.

Sie überlegen, wie Sie selber Tim noch unterstützen können.

→ *Bd. 2 S. 425*

Vermittlung möglicher Hilfsangebote

↘ KOMPETENZEN

→ *Die Absolventinnen und Absolventen besitzen berufliches Wissen über Einrichtungen der Kinder- und Jugendhilfe sowie andere Fachdienste und andere Bildungsinstitutionen, Unterstützungssysteme und Netzwerke.*

→ *Die Absolventinnen und Absolventen schätzen die Relevanz von Netzwerkstrukturen und Kooperationspartnern für die eigene Zielgruppe ein und beziehen sie in das Planungshandeln mit ein.*

→ *Die Absolventinnen und Absolventen erschließen relevante Ressourcen im Sozialraum für die Zielgruppe.*

IN NETZWERKEN KOOPERIEREN UND ÜBERGÄNGE GESTALTEN

Wissen + Verstehen

1 Tim oder andere Kinder

a) Erinnert Sie die beschriebene Situation an eigene Praxiserfahrungen oder ähnliche Probleme? Notieren Sie Stichworte in der linken Hälfte des Ovals.

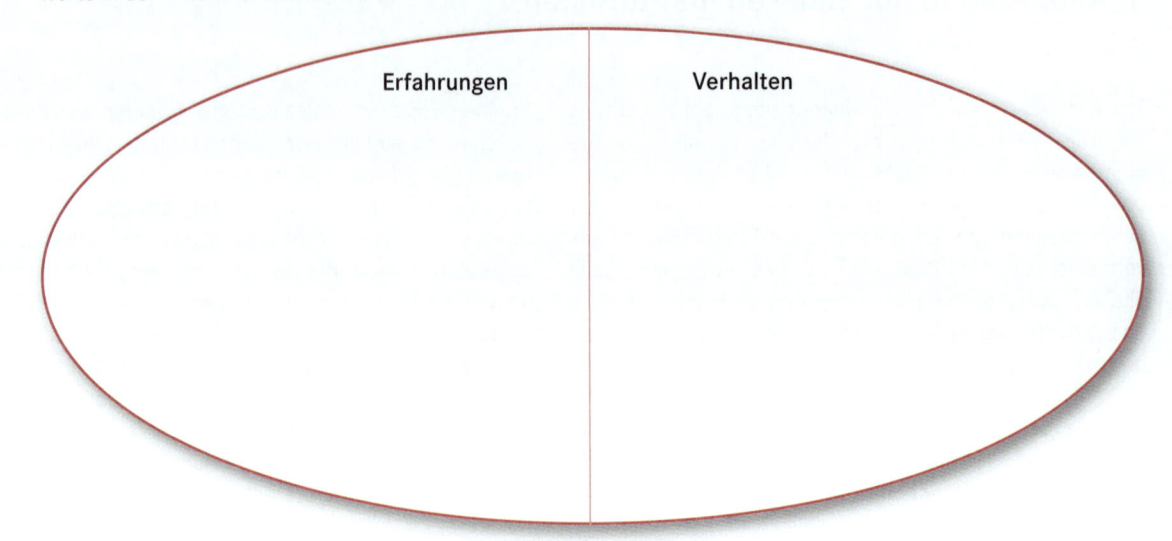

| Erfahrungen | Verhalten |

b) Wie sind Sie oder andere beteiligte Personen damit umgegangen? Sind Sie selbst schon an Grenzen angelangt und haben nicht mehr weiter gewusst?

Notieren Sie Ihr Verhalten in der rechten Hälfte.

c) Mit welchen Institutionen/Einrichtungen/Personen haben Sie bisher kooperiert?

→ Beachten Sie die Möglichkeiten in „Kein Kinderkram!", HF 6, Kapitel 1.3.
→ Schreiben Sie um den Kreis herum.
→ Überlegen Sie, warum es gerade diese Institutionen waren.
→ Gab es bei der Zusammenarbeit auch Probleme?

→ Bd. 2 S. 428

Analyse + Bewertung

2 Wo, wer oder was ist das Problem?

a) Analysieren Sie die vielfältigen Schwierigkeiten, die in dem Fallbeispiel zum Ausdruck kommen. Beachten Sie dafür die verschiedenen Ebenen: Kind – Gruppe, Kind – Erzieherin, Kind – Mutter, Erzieherin – Mutter.

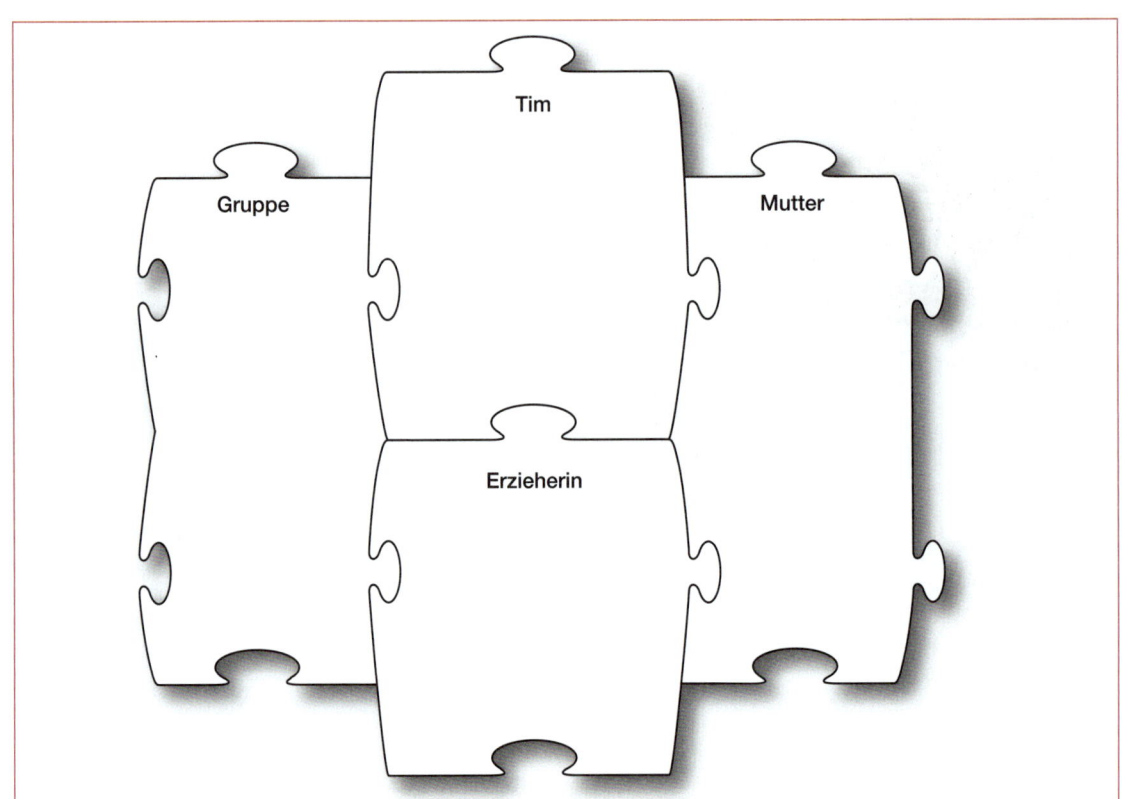

Tim — Gruppe — Mutter — Erzieherin

b) Beurteilen Sie die Analyse, und beziehen Sie Ihre eigenen Erfahrungen ein:
   → Welche Schwierigkeiten kann Ihrer Meinung nach die Erzieherin allein angehen? Markieren Sie diese farbig.
   → Wo sind Grenzen, sodass die Erzieherin sich Unterstützung holen sollte? Markieren Sie diese Probleme in einer anderen Farbe.

c) An wen kann die Erzieherin sich wenden? Welche Institutionen kämen infrage? (Es müssen natürlich nicht immer unterschiedliche sein.)

Problem _____ → _____

Problem _____ → _____

Problem _____ → _____

Problem _____ → _____

Problem _____ → _____

Problem _____ → _____

Problem _____ → _____

.

.

.

3 a) Vergleichen Sie die Ergebnisse Ihrer Analyse, indem diejenige mit der Vorstellung beginnt, die als nächste Geburtstag hat. Die anderen ergänzen lediglich nicht bereits genannte Aspekte.

Analyse + Bewertung

b) Reflektieren Sie:
   → Inwieweit waren bei der anschließenden Beurteilung Erinnerungen an eigene Erfahrungen hilfreich?
   → Haben diese bei den Gruppenmitgliedern zu sehr unterschiedlichen Einschätzungen geführt?
   → Welche Schlussfolgerungen ziehen Sie daraus?

c) Stellen Sie Kriterien auf, wann man als Erzieherin Kontakt zu anderen Fachkräften aufnehmen sollte. Listen Sie diese auf einem Plakat auf.

4 a) Berichten Sie im Plenum zusammengefasst von Ihren Reflexionsergebnissen.

b) Hängen Sie die Kriterien-Plakate nebeneinander, und vergleichen Sie.

c) Erstellen Sie aus den Ergebnissen einen Gesamt-Kriterienkatalog, und übertragen Sie diesen in die Tabelle auf der folgenden Seite.

IN NETZWERKEN KOOPERIEREN UND ÜBERGÄNGE GESTALTEN

Wann nehme ich Kontakt auf? (Aufgabe 4)	Kriterien der Kontaktaufnahme (Aufgabe 5)	Erforderliche Informationen (Aufgabe 5)	Kriterien für erfolgreiche Zusammenarbeit (Aufgabe 6)

1: Kooperation mit anderen Institutionen

5 Die Kontaktaufnahme

Planung + Konzeption

Wählen Sie in einer Kleingruppe aus den unter Aufgabe 2c) genannten Institutionen/Personen eine aus.

a) Planen Sie die Kontaktaufnahme ganz konkret:

Welche Erwartungen und Ziele hat die Erzieherin?	
Wie sollte sie vorgehen?	
Welche Kriterien sollte sie dabei beachten?	
Welche Informationen sollte sie bereithalten?	
Welche Informationen kann sie bekommen?	
Welche Erwartungen hat die Institution/Person?	

b) Stellen Sie die Kontaktaufnahme in einem Rollenspiel dar, das die erarbeiteten Inhalte verdeutlicht.

c) Die Gruppen präsentieren nacheinander die Rollenspiele. Werten Sie die Szenen nach folgenden Schwerpunkten aus:
   → Welche Erwartungen werden deutlich?
   → Welche Methoden der Kontaktaufnahme werden angewendet?
   → Welche Informationen/Inhalte werden angesprochen?

Reflexion

d) Halten Sie die Ergebnisse in der Tabelle von Aufgabe 4 fest.

6 Die weitere Zusammenarbeit

Planung + Konzeption

a) Finden Sie sich in den gleichen Gruppen wie beim vorherigen Rollenspiel zusammen.
   → Die Zusammenarbeit: Der Anfang ist gemacht. Aber wie geht's weiter?
   → Was ist Aufgabe der Institution – was ist Aufgabe der Erzieherin?
   → Welche Kriterien müssen beachtet und erfüllt werden, damit die Zusammenarbeit erfolgreich verläuft?

Planen Sie ein weiteres Rollenspiel, in dem Sie ein Treffen darstellen, das ein Jahr nach der ersten Zusammenarbeit stattfindet.

IN NETZWERKEN KOOPERIEREN UND ÜBERGÄNGE GESTALTEN

Reflexion

b) Reflektieren Sie nach der Vorstellung die Gemeinsamkeiten und Unterschiede. Notieren Sie zum Ausdruck kommende Kriterien in der Tabelle von Aufgabe 4.

Planung + Konzeption

7 In „Kein Kinderkram!", HF 6, Kapitel 1.4 wird betont, dass Kontakte zu anderen Institutionen aufgenommen und gepflegt werden sollten, solange noch **keine** Probleme vorliegen, sodass sie in schwierigen Zeiten oder Situationen sofort möglich sind (das in der Sonne funkelnde Spinnennetz). Zu welcher Institution/Fachkraft würden Sie gerne Kontakt aufnehmen?

→ *Bd. 2 S. 430 f.*

a) Planen Sie einen Besuch bei dieser Institution.

Entwickeln Sie dafür aus den bisher erarbeiteten Kriterien und Voraussetzungen einen Fragebogen für ein erstes Gespräch.

Institution, Fachkraft:
1.
2.
3.
.
.
.

b) Nehmen Sie Kontakt zu der Institution auf und führen Sie die Befragung durch. Erstellen Sie anschließend ein Ergebnisprotokoll.

Reflexion

c) Tauschen Sie sich im Plenum über Ihre Erfahrungen aus.

1: Den Übergang von Kindern unter drei in Kita, Krippe oder Tagespflege gestalten

Claudia und Sascha Müller sind die Eltern der zehn Monate alten Luna. Claudia ist eine erfolgreiche Architektin. Nach der Geburt hat sie zwölf Monate Elternzeit genommen. Nun plant sie ihre Rückkehr in den Beruf.

Ihre Tochter hat sie frühzeitig in der Kindertagesstätte „Flohkiste" angemeldet und tatsächlich die Zusage für einen Platz in der U3-Gruppe bekommen.

Einerseits freut sich Claudia auf den Berufseinstieg, andererseits hat sie nun doch ein mulmiges Gefühl bei dem Gedanken, ihre Tochter in fremde Hände zu geben:

→ In den vergangenen Monaten hat Luna stark gefremdelt und sich teilweise nicht einmal mehr von ihrem Vater auf den Arm nehmen lassen, wenn er abends von der Arbeit nach Hause kam.

→ Bei einem Besuch bei den Großeltern, die dem Kind durchaus bekannt sind, verließ Claudia nur kurz den Raum, um auf die Toilette zu gehen. Als sie zurückkam, weinte das Mädchen, rief „Mama" und hörte erst mit dem Schluchzen auf, als Claudia sie auf den Schoß nahm.

→ Beim Schnuppertag in der neuen Kita krabbelte Luna zwar nach kurzer Zeit von der Mutter weg, weil sie etwas Interessantes entdeckt hatte. Claudia bemerkte aber, dass sich das Kind immer vergewisserte, ob sie noch da ist.

→ Am gleichen Tag beobachtet Claudia Finja (2;5), die ebenfalls neu aufgenommen wird. Finjas Mutter ist entgegen der Absprache mit den Erzieherinnen nicht anwesend. Ihr sei „etwas dazwischengekommen." Finja weint ununterbrochen nach ihrer Mama und lässt sich auch von der Erzieherin nicht trösten, obwohl sich diese redlich um das Kind bemüht. Finja hört erst auf, als die Mutter nach ca. eineinhalb Stunden zur Tür hereinkommt. Sie strahlt über das ganze Gesicht, läuft freudig auf die Mutter zu.

Die Eltern sind verunsichert. Ob es Luna nicht vielleicht doch schadet, so früh von der Mutter getrennt zu werden? Wie kann überhaupt der Übergang in die Kita erfolgen, ohne dass das Kind leidet? Die Eltern haben noch viele Fragen an die Erzieher ...

↘ KOMPETENZEN

→ Die Absolventinnen und Absolventen verfügen über exemplarisch vertieftes fachtheoretisches Wissen über die Gestaltung von Übergangen.

→ Die Absolventinnen und Absolventen verfügen über Fertigkeiten, Übergänge systematisch aufgrund wissenschaftlicher Erkenntnisse und konzeptioneller Vorstellungen zu gestalten.

Hinweis:

„[...] Ziel der frühen Transitionen muss es sein, Kinder dabei zu unterstützen, ein Gefühl von Sicherheit bzw. Wohlbefinden in der neuen Einrichtung zu erlangen." *(Griebel/Niesel, 2011, S. 53)*

1 Was genau ist unter dem Begriff „Transition" zu verstehen? Recherchieren Sie.

_____
_____
_____
_____
_____

Wissen + Verstehen

2 Sind Sie selbst Mutter oder Vater? Erinnern Sie sich noch an den ersten Tag bei Tagesmutter oder Kita Ihres Kindes? An die Gedanken, vielleicht sogar Sorgen, die Sie sich gemacht haben? An Ihre Gefühle an den ersten Tag in der Kita? Welche Erinnerungen sind besonders eindrücklich?

Schildern Sie im Plenum.

IN NETZWERKEN KOOPERIEREN UND ÜBERGÄNGE GESTALTEN

Analyse + Bewertung

3 Bilden Sie Dreier-Gruppen.

a) Versetzen Sie sich in die Rollen der am Übergang Beteiligten (Kinder, Eltern, Erzieherin). Entscheiden Sie, wer welche Rolle übernimmt und beschreiben Sie die Gefühle (Ängste/Befürchtungen, aber auch positive Erwartungen).

Ängste/Befürchtungen		positive Erwartungen

b) Tauschen Sie sich aus. Jeder Beteiligte schildert seine Gefühle aus der ihm zugeteilten Sicht. Notieren Sie in die noch leeren Kästchen oben, welche Gefühle die beiden anderen jeweils schildern.

c) Tauschen Sie sich im Plenum aus und ziehen Sie Schlussfolgerungen:

Wie verhält sich eine Erzieherin günstig, damit die Transition von unter Dreijährigen in die Kita gelingt?

Günstiges Verhalten der Erzieherin beim Übergang aus der Familie in die Kita

4 Während einer Transition werden Kinder mit einer Vielzahl neuer Anforderungen konfrontiert. Die Strategien zur Bewältigung können individuell sehr verschieden sein und von den Beobachtern als Stärken oder Schwächen wahrgenommen werden. Sehen Sie in den folgenden Situationen Stärken oder Schwächen bei Kindern während der Übergangsbewältigung und warum? *(vgl. Griebel/Niesel, S. 94)*

Kinder weinen, wenn ihre Mütter gehen.

_____
_____

Kinder weinen nicht, wenn ihre Mütter gehen.

_____
_____

Kinder lassen sich nur sehr zögernd auf neue Situationen ein.

_____
_____

Kinder scheuen kein Risiko und probieren bereitwillig alles Neue aus.

_____
_____

Kinder gehen offen auf jeden Menschen zu und erhalten Zuwendung.

_____
_____

Kinder tauen nur langsam auf, und verhalten sich anderen Menschen gegenüber zurückhaltend und eher distanziert.

_____
_____

IN NETZWERKEN KOOPERIEREN UND ÜBERGÄNGE GESTALTEN

Planung + Konzeption

5 In der Kindertagesstätte „Flohkiste" ist es üblich, mit den Eltern jedes einzelnen Kindes ein individuelles Aufnahmegespräch zu führen.

Bereiten Sie das Aufnahmegespräch vor.

a) Was müssen Sie alles über Luna wissen, ehe sie in die Gruppe kommt? Formulieren Sie acht Fragen, die Sie in dem Elterngespräch stellen würden.

b) Vergleichen Sie Ihre Fragen mit denen Ihrer Tischnachbarin. Einigen Sie sich gemeinsam auf die zehn wichtigsten Fragen.

Elternfragebogen zur Aufnahme von Kindern unter drei Jahren in die Kindertageseinrichtung „Flohkiste"	
1	
2	
3	
4	
5	
6	
7	
8	
9	
10	

c) Die Kinder werden nach dem „Berliner Modell" eingewöhnt. Dieses müssen Sie den Eltern von Luna im Aufnahmegespräch erläutern. Machen Sie sich als Vorbereitung Stichpunkte auf dem Notizblatt. Lesen Sie dazu im Bd. 2. die Seiten 210–214 (HF 3 Kap. 2.2).

→ *Bd. 2 S. 210 ff.*

IN NETZWERKEN KOOPERIEREN UND ÜBERGÄNGE GESTALTEN

d) Vergleichen Sie Ihre Notizen mit denen Ihrer Tischnachbarin. Haben Sie alle Grundsätze des Berliner Eingewöhnungsmodells beachtet? Ergänzen Sie gegebenenfalls.

e) Sie wollen den Eltern von Luna im Aufnahmegespräch natürlich die Gelegenheit geben, eigene Fragen zu stellen. Überlegen Sie, auch vor dem Hintergrund der Ängste/Befürchtungen/positiven Erwartungen der Eltern, welche Fragen kommen könnten und wie Sie sie beantworten wollen. Berücksichtigen Sie auch die Fragen aus der Einstiegssituation.

f) Bilden Sie Zweier- oder Dreier-Teams (Erzieherin – Mutter/Eltern von Luna) und simulieren Sie das Aufnahmegespräch. Wechseln Sie nach dem ersten Durchgang die Rollen.

Reflexion

g) Reflektieren Sie die Aufnahmegespräche schriftlich unter Berücksichtigung der folgenden Aspekte:
 → Ich finde, besonders gut gelungen ist ...
 → Mir ist aufgefallen ...
 → Das muss ich noch üben/lernen ...

_____
_____
_____
_____
_____
_____
_____

2: Den Übergang vom Kindergarten zum Schulkind gestalten

Elias (5;8) besucht die Kindertagesstätte „Flohkiste", in der Sie gerade ein Praktikum absolvieren. Er gehört mit mehreren anderen Kindern zu den „Maxis", so werden die Kinder genannt, die im kommenden Sommer eingeschult werden. Die Kinder sind sehr stolz, dass sie jetzt „groß" sind: „Ich bin ein Maxikind!", hat Ihnen Elias sogar mehrfach erzählt. An einem Vormittag ergibt sich ein kurzes Gespräch:

Sie: „Was meinst Du, wird das Beste in der Schule sein?"
Elias: „Fußball."
Sie: „Tatsächlich? Wie kommst Du jetzt darauf? Kann man in der Schule Fußball spielen?"
Elias: „Ja, da gibt es Fußballtore."

Sie sind überrascht und Ihnen wird deutlich, dass die Vorstellung über Schule doch noch recht ungenau ist. Bei Unterhaltungen mit anderen Maxikindern stellen Sie fest, dass sich die meisten sehr auf die Schule freuen, aber auch Ängste und Unsicherheiten vorhanden sind, z. B. vor zu viel Hausaufgaben oder vor älteren Schulkindern.

Sie informieren sich daher bei Ihrer Praxisanleiterin Frau Müller, wie die Kinder in der Kindertagesstätte „Flohkiste" auf die Schule vorbereitet werden:

Die Maxigruppe trifft sich regelmäßig einmal in der Woche. Für die Kinder gibt es ein ausführliches Programm, das sie nicht nur kognitiv, sondern besonders auch in sozialer und emotionaler Hinsicht auf die Schule vorbereiten soll. Angeboten werden u. a.:

→ Besuch der Polizei im Kindergarten, dabei wird das Verhalten im Straßenverkehr thematisiert und eingeübt; Aushändigung eines „Fußgängerführerscheins",
→ „Zahlenland"-Projekt
→ Übernachtung in einer Jugendherberge

Frau Müller arbeitet mit den Maxikindern auch regelmäßig an Vorschulmappen.

Darüber hinaus besteht eine Kooperation mit der örtlichen Grundschule. Die Maxikinder werden zu einem Schnuppertag eingeladen, lernen ihre zukünftige Klassenlehrerin kennen und haben schon einen Vormittag „Unterricht" bei ihr. An diesem Tag entsteht bereits ein erstes Klassenfoto, das sofort ausgedruckt und den Kindern mit nach Hause gegeben wird. An einem weiteren Vormittag in der Schule lernen die Maxikinder ihre „Paten" kennen, dies sind Kinder des zukünftigen dritten Schuljahres.

„Wir sind aber jederzeit offen für neue Ideen", äußert Frau Müller zum Schluss. „Du darfst gerne neuen Input geben ..."

Wie werden Kinder richtig auf die Schule vorbereitet?

↘ KOMPETENZEN

→ *Die Absolventinnen und Absolventen verfügen über exemplarisch vertieftes fachtheoretisches Wissen über die Gestaltung von Übergangen.*

→ *Die Absolventinnen und Absolventen verfügen über die Fertigkeit, die Relevanz von Netzwerkstrukturen und Kooperationspartnern für die eigene Zielgruppe einzuschätzen und in das Planungshandeln einzubeziehen.*

→ *Die Absolventinnen und Absolventen verfügen über Fertigkeiten, Übergänge systematisch aufgrund wissenschaftlicher Erkenntnisse und konzeptioneller Vorstellungen zu gestalten.*

IN NETZWERKEN KOOPERIEREN UND ÜBERGÄNGE GESTALTEN

> **Hinweis:**
>
> Wann kann man von einem gelungenen Übergang in die Grundschule sprechen?
> „Wenn sich das Kind in seiner neuen Rolle als Schulkind wohlfühlt, Freude daran hat zu lernen und sich weiterzuentwickeln. Ganz entscheidend ist natürlich, dass es sich in der Klasse und von der Lehrerin oder dem Lehrer angenommen und integriert fühlt." *(Prof. Speck-Hamdan, Professorin für Grundschulpädagogik und -didaktik an der Ludwig-Maximilians-Universität München)*

Wissen + Verstehen

1 Betrachten Sie den Gesichtsausdruck des Jungen auf dem Foto. Wie fühlt er sich vermutlich? Tragen Sie in die Gedankenblase ein.

2 Suchen Sie zu Hause ein Foto von Ihrem eigenen ersten Schultag heraus und beantworten Sie die nachfolgenden Fragen:

   a) Welche Erinnerung haben Sie selbst an Ihren ersten Schultag?

   b) Fragen Sie Ihre Eltern bzw. Großeltern, wie Ihre Einschulung war.

   c) Auf was haben Sie sich vermutlich gefreut? Was waren Ihre Ängste/Befürchtungen?

   d) Schreiben Sie alles auf, was Sie hören und selber erinnern. Bringen Sie Foto und Bericht mit in die Schule.

Mein erster Schultag

3 Bilden Sie Fünfer-Gruppen.

Analyse + Bewertung

a) Betrachten Sie die Einschulungsfotos, lesen Sie sich gegenseitig die Berichte vor.

b) Sammeln Sie auf einem Plakat Gemeinsamkeiten und Unterschiede der Einschulung/ersten Schulzeit.

c) Stellen Sie im Plenum Ihr Arbeitsergebnis vor und diskutieren Sie: Was hat Ihnen geholfen, den Übergang von der Kindertagestätte in die Schule zu meistern?

4 „Der Übergang vom Kindergarten in die Schule bringt auf der Ebene des einzelnen [Kindes], der Beziehungen und der Lebensumwelten Veränderungen mit sich, die das Kind bewältigen muss. Es handelt sich dabei jeweils um Diskontinuitäten in den Erfahrungen des Kindes. Die Anpassungsleistungen lassen sich als Entwicklungsaufgaben charakterisieren." *(Griebel/Niesel, 2011, S. 118)*

a) Tauschen Sie sich mit Ihrer Tischnachbarin aus, was unter „Diskontinuität in den Erfahrungen" zu verstehen ist.

_____

_____

_____

_____

_____

b) Überlegen Sie nun jeder für sich, welche Entwicklungsaufgaben Kinder beim Übergang in die Schule zu bewältigen haben. Füllen Sie nachstehende Tabelle aus.

Ebene des einzelnen Kindes	Ebene der Beziehungen	Ebene der Lebensumwelten

c) Setzen Sie sich zu dritt zusammen. Vergleichen Sie Ihre Ergebnisse und ergänzen Sie Fehlendes.

d) Überlegen Sie nun, welche konkreten Aufgaben auf Sie als Erzieherin zukommen, Kinder beim Übergang in die Schule zu unterstützen. Schreiben Sie diese um die Grafik herum.

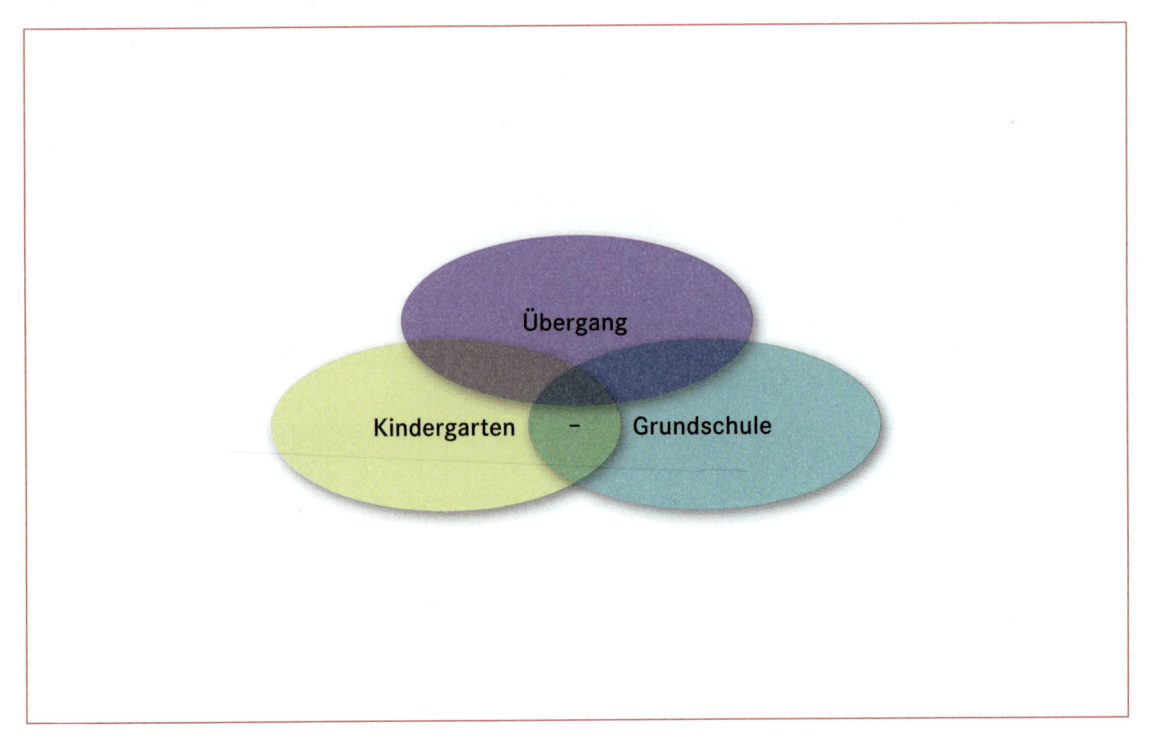

2: Den Übergang vom Kindergarten zum Schulkind gestalten

e) Tragen Sie im Plenum zusammen. Halten Sie Ihre Ergebnisse auf einem großen Wandplakat fest.

5   Bilden Sie Vierer-Gruppen.

Planung + Konzeption

a) Sammeln Sie Ideen für die Gestaltung des Vorschuljahres in der Kita „Flohkiste". Recherchieren Sie dazu im Internet. Auf der Seite des Deutschen Bildungsservers werden direkt mehrere Praxisprojekte zum Übergang in die Grundschule vorgestellt: http://www.bildungsserver.de/Uebergang-Kindergarten-Grundschule-1863.html

Fragen Sie auch in Ihren Praktikumseinrichtungen nach der Übergangsgestaltung.

Übertragen Sie die Tabelle in Ihr Heft, wenn der Platz nicht reichen sollte.

Vorschläge/Ideen für den Maxitreff (1x wöchentlich)	Kooperation zwischen Kita und Schule

b) Formulieren Sie Ziele für das Vorschuljahr.

c) Bewerten Sie die bisherige Übergangsgestaltung in der Kindertageseinrichtung „Flohkiste". Was würden Sie beibehalten/was ändern und warum?

d) Machen Sie Frau Müller nun ganz konkrete Vorschläge zur Gestaltung des Vorschuljahres im Maxitreff und zur Kooperation mit der Grundschule. Begründen Sie Ihre Vorschläge.

IN NETZWERKEN KOOPERIEREN UND ÜBERGÄNGE GESTALTEN

KINDERTAGESSTÄTTE „FLOHKISTE" – Konzept für die Gestaltung des Übergangs in die Grundschule	
Maxitreff	Begründung
Kooperation mit der Grundschule	Begründung

e) Stellen Sie Ihre Konzepte in der Klasse vor. Welches ist besonders gelungen?

Gipfel erreicht? – Reflexion der Ausbildung

Studierende der Oberstufe wirken an einer Informationsveranstaltung der Fachschule mit und betreuen dabei eine Gruppe von interessierten Bewerberinnen. Berufspraktikantinnen kehren vorübergehend in die Fachschule zurück, um an verschiedenen Studientagen teilzunehmen; dabei treffen sie auf Auszubildende des ersten Schuljahres. Am Ende der Ausbildung suchen sich die Absolventinnen eine Arbeitsstelle und nehmen deshalb an Bewerbungsgesprächen teil.

Hin und wieder kommt es im Anschluss an solche Ereignisse zu verwunderten Reaktionen:

→ „War ich anfangs auch so …?"

→ „Irgendwie hat mich die Ausbildung (doch) verändert? Was ist da eigentlich geschehen?"

→ „Was ich alles in dem Bewerbungsgespräch aufzählen und erklären konnte …?"

Diese und ähnliche Fälle geben also Anlass, die eigene Ausbildung rückschauend zu bedenken.

Die nachfolgenden Aufgaben tragen dazu bei, die Entwicklungsprozesse der eigenen beruflichen Ausbildung zur Erzieherin wahrzunehmen und darzulegen. Erworbene Fähigkeiten und Kenntnisse, besondere Stärken können noch einmal gewürdigt werden. Ebenso soll die Entwicklung der eigenen beruflichen Professionalität kritisch eingeschätzt und fortgeschrieben werden, kurz: Es gilt, Bilanz zu ziehen und weitere Perspektiven zu entwickeln.

↘ KOMPETENZEN

→ *Die Absolventinnen verfügen über Fertigkeiten, die eigene Situation am Ende ihrer Ausbildung auf der Grundlage von Kriterien zu analysieren.*

→ *In diesem Kontext können sie auch die Nachhaltigkeit von Ausbildungsprozessen reflektieren, um diese weiterzuentwickeln und ggf. dafür Unterstützung zu organisieren.*

1 Überlegen Sie sich ein Sinnbild, um die verschiedenen Stationen Ihrer Ausbildung treffend zu beschreiben.

→ Nachfolgend wird für diese Aufgabe das Beispiel einer Bergbesteigung gegeben; der Ausbildungsverlauf wird dabei in drei Hauptphasen aufgegliedert.

→ Tragen Sie eigene Lernerfahrungen, Schlüsselsituationen, auch Fragen und Krisen usw. in die nachfolgende Liste ein. Tauschen Sie sich darüber mit einer Partnerin aus.

Wissen + Verstehen

GIPFEL ERREICHT? – REFLEXION DER AUSBILDUNG

Aufstieg auf den „Ausbildungs-Berg" (Beginnen Sie von unten nach oben)

„Oben angekommen!"

Ganz besonders stolz bin ich auf _____

_____

Inzwischen fügen sich folgende _____

_____ zusammen.

Gerne blicke ich zurück auf _____

_____

Weniger gern erinnere ich mich an _____

_____

Ich habe vor, _____

„Es geht voran …!"

Wobei entwickelte ich Sicherheit? _____

_____

Was interessierte mich besonders, nachdem ich mich ein wenig „umgeschaut" hatte? _____

_____

Wo musste ich „Pause" machen? _____

_____

Ich erinnere mich besonders an _____

_____

„Und los!"

Erste Schritte, die mir besonders wichtig waren:

_____

_____

Was fiel mir zu Anfang schwer? _____

_____

Halt und Orientierung gab mir _____

_____

Meine Grundlagen, Vorerfahrungen …

_____

_____

_____

Fügen Sie ggf. weitere Eintragungen zu.

2   Die Ausbildung von Erzieherinnen ist in den Ländern der Bundesrepublik Deutschland unterschiedlich strukturiert. Bei all diesen Unterschieden zeigen sich jedoch auch Gemeinsamkeiten: „Aus Schülerinnen werden Erzieherinnen!" *(A. Gruschka u. a., 1995, S. 9)* und dabei sind vor allem vier „Entwicklungsaufgaben" zu bewältigen. Es handelt sich um übergreifende Aufgabenstellungen, welche in einer festen Reihenfolge abgearbeitet werden müssen – sonst „kann es nicht zur Entwicklung von Kompetenzen kommen" *(S. 68)*.

Analyse + Bewertung

Das Modell der Entwicklungsaufgaben wird in dieser Aufgabenstellung herangezogen, um die Entwicklung der eigenen Professionalität zu strukturieren und zu beleuchten.

Entwicklungsaufgaben innerhalb der Erzieherausbildung (nach Andreas Gruschka)

1. Aufgabe Entwicklung einer Vorstellung von der eigenen zukünftigen *Berufsrolle* Übergreifende Lösung: „Ich kann Erzieherin werden, weil ich lernen kann, was ich lernen muss und auch lernen will!"	"Jede von Ihnen kommt mit mehr oder weniger klaren Erwartungen an die erzieherische Tätigkeit in die Ausbildung [...] Jede weiß also mehr oder weniger gut darüber Bescheid, warum sie mit welcher Zielsetzung Erzieherin werden will [...] Die Vorstellung von der eigenen Berufsrolle erlaubt, für die eigene Ausbildung eine eigene Perspektive zu entwickeln. Ob diese Perspektive realistisch ist, entscheidet sich erst während der Ausbildung." *(A. Gruschka u.a., 1995, S. 68)*
2. Aufgabe Entwicklung eines Konzepts für die pädagogisch ausgerichtete *Fremdwahrnehmung* Übergreifende Lösung: „Ich finde pädagogischen Kontakt zu Kindern und Jugendlichen, weil ich sie gut verstehen kann!"	In einer weiteren Phase der Ausbildung, „im Umfeld eines ersten längeren Praktikums, wird eine zweite Entwicklungsaufgabe akut. So umfänglich auch ihre kommunikativen Kompetenzen sein mögen, die Sie in die Ausbildung einbringen, so viele Praxiserfahrungen Sie auch bereits gemacht haben mögen, nun, im ersten Praktikum, wird die Probe auf Ihre zukünftige Eignung als Erzieherin gemacht. Denn nun haben Sie in der Rolle der Praktikantin zu beweisen, dass Sie einen pädagogisch gerichteten Umgang mit Kindern herstellen können." *(ebd.)*
3. Aufgabe Formulierung eines Konzepts für das pädagogisch-praktische *Handeln* mit Kindern und Jugendlichen Übergreifende Lösung: „Mein Handeln mit Kindern und Jugendlichen basiert auf meiner eigenen Idee und einer anerkannten, objektiv sinnvollen Praxis!"	Die dritte Phase ist die eigentliche Hauptphase der Ausbildung, denn es geht darum, „die pädagogischen Zielsetzungen, die Sie mit Ihrem Berufsrollenverständnis verknüpft haben, und Ihre Fähigkeit, Kinder und Jugendliche wahrzunehmen, miteinander zu verkoppeln. Das Ziel besteht nun darin, so etwas wie ein Konzept für das eigene pädagogische Handeln zu entwickeln." Dabei soll sich zeigen: „Mein Handeln gegenüber Kindern ist nicht zufällig, chaotisch und diffus, sondern es erfolgt zielgerichtet, von bestimmten pädagogisch gerechtfertigten Überlegungen aus!" *(S. 69)*
4. Aufgabe Formulierung einer Strategie für die *Professionalisierung* in der Berufspraxis Übergreifende Lösung: „Auch wenn ich zu Beginn der Berufspraxis nicht alles kann, was ich können müsste, werde ich [...] nicht untergehen, weil ich weiß, was ich dort noch lernen kann!"	Die vierte Entwicklungsaufgabe steht am Ende der Ausbildung. Die Lösung der Aufgabe besteht darin, „den Übergang von der Schule in die Praxis produktiv zu meistern [...] Die Entwicklung der Professionalität einer Erzieherin geschieht nicht allein in der schulischen Vorbereitung, dort nicht gleichsam auf Vorrat, sie vollzieht sich [...] im Umgang mit Kindern, mit der Praxis." Was aber am Ende der Ausbildung jedoch geleistet werden muss, ist „die Eröffnung einer Perspektive, wie die eigene Professionalisierung in der Praxis vorangetrieben werden kann." *(ebd.)*

Wie stellt sich Ihre Entwicklung im Rahmen der Ausbildung zur Erzieherin/zum Erzieher dar: Wo lassen sich bei Ihnen – schon recht deutlich oder in Ansätzen erkennbar – erste Merkmale einer beruflichen Professionalisierung aufzeigen?

Ordnen Sie bitte eigene Beispiele (Erfahrungen, Fähigkeiten und Kenntnisse, Planungs- oder Handlungsbeispiele u. Ä. m.) den vier Entwicklungsaufgaben zu. Vermutlich lassen sich dabei auch einige Themen, Inhalte und Ereignisse aus verschiedenen Ausbildungsabschnitten einander gegenüberstellen, um diese miteinander zu vergleichen. Tauschen Sie sich über Ihre Ergebnisse in kleineren Gruppen und dann im Plenum aus.

GIPFEL ERREICHT? – REFLEXION DER AUSBILDUNG

Planung + Konzeption

3 Professionelles Handeln in Tageseinrichtungen für Kinder und Jugendliche erfordert Fachkräfte, die auf sicheres Können zurückgreifen, aber auch Unzulänglichkeiten realistisch einzuschätzen wissen. Mit dem Begriff der *beruflichen Handlungskompetenz* soll zunächst verdeutlicht werden, dass Erzieherinnen und Erzieher über umfangreiche Kenntnisse, Fähigkeiten und Fertigkeiten verfügen sollten, die in vielfältiger Weise zusammenspielen.

Kompetenzen verweisen sowohl auf fachliche wie auch personale Aspekte; in ihnen spiegelt sich das Wissen und das Können einer Fachkraft wider, aber auch deren Fähigkeit und Bereitschaft, sich überhaupt auf pädagogische Prozesse einzulassen, diese eigenständig oder gemeinsam mit anderen zu gestalten. Die nachfolgende Matrix veranschaulicht die komplexe Tätigkeit von Erzieherinnen und Erziehern anhand von drei „Dimensionen".

Qualifikationsprofil Frühpädagogik – Grundstruktur:

Qualifikationsprofil Frühpädagogik – Grundstruktur:

Prozess: Wissen und Verstehen | Analyse und Bewertung | Planung und Konzeption | Durchführung | Evaluation und Reflexion

Handlungsfeld:
- Kinder in ihrer Lebenswelt verstehen und Beziehungen zu ihnen entwickeln
- Entwicklungs- und Bildungsprozesse unterstützen und fördern
- Gruppenpädagogisch handeln
- Mit Eltern und Bezugspersonen zusammenarbeiten
- Institution und Team entwickeln
- In Netzwerken kooperieren und Übergänge gestalten

Professionelle Haltung

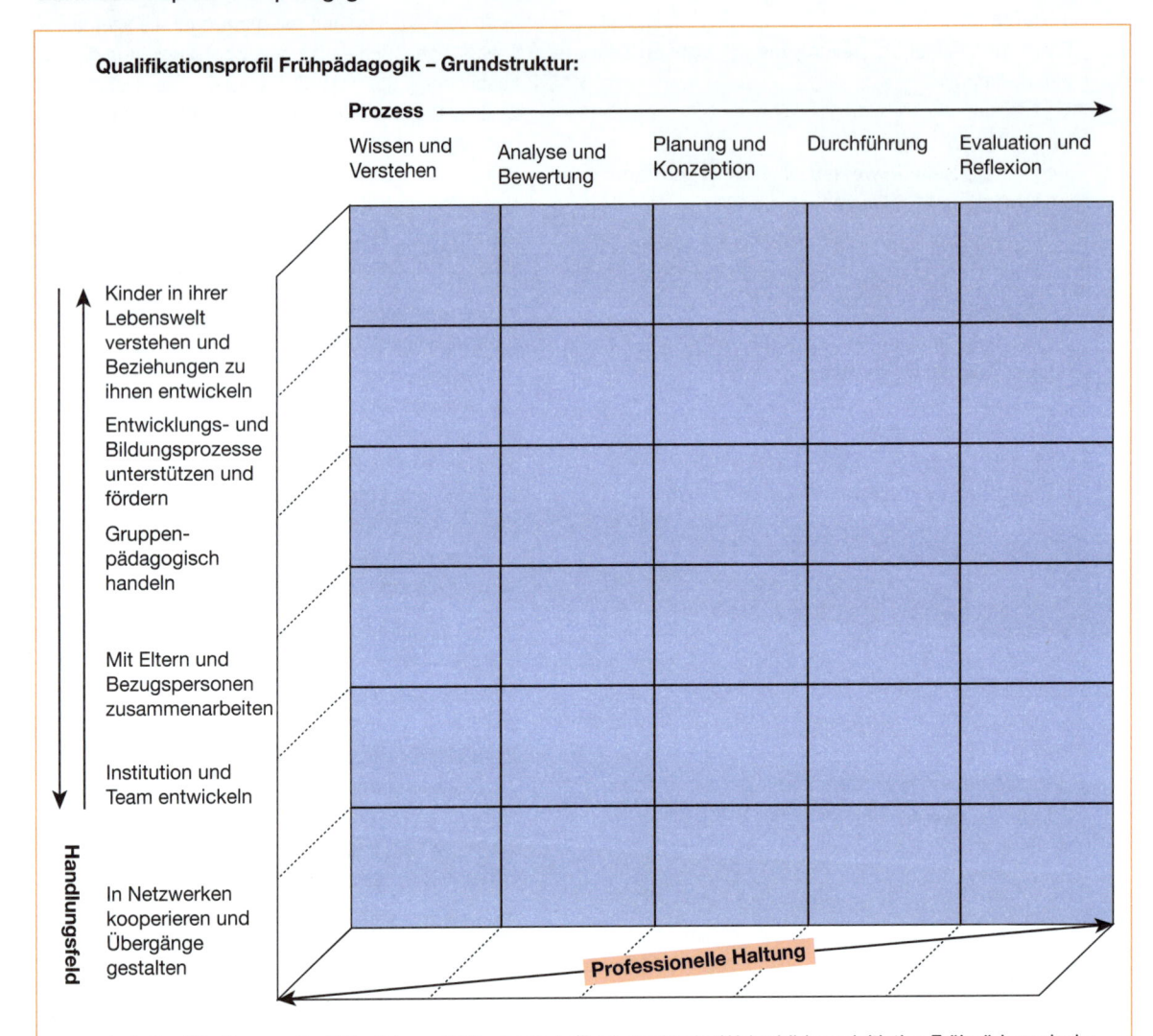

(vgl. Qualifikationsprofil „Frühpädagogik" Fachschule/Fachakademie; Weiterbildungsinitiative Frühpädagogische Fachkräfte (WiFF), Deutsches Jugendinstitut e. V., München 2011, S. 15)

---

*) Dimensionen des Qualifikationsprofils

Die vertikale Dimension repräsentiert das Spektrum der beruflichen Handlungsfelder in Tageseinrichtungen für Kinder. Hier wurden sechs Aufgabenbereiche des Erzieherberufes zusammengefasst.

In der horizontalen Dimension werden prozesshaft die Schritte des pädagogischen Handelns abgebildet. Hier werden v. a. fachliche Anteile einer beruflichen Handlungskompetenz aufgezeigt.

Quer zu den Prozess-Schritten und Handlungsfeldern liegt die dritte Dimension – die auszubildende professionelle Haltung der Erzieherinnen und Erzieher. Hierzu gehören insbesondere die personalen Anteile der beruflichen Handlungskompetenz. „Professionelle Haltung" meint einerseits das professionelle Rollen- und Selbstverständnis, andererseits auch „die sich beständig weiterentwickelnde Persönlichkeit der pädagogischen Fachkraft. Eine professionelle Haltung wird durch Reflexion des eigenen pädagogischen Handelns im Prozess der Ausbildung entwickelt und prägt das professionelle pädagogische Alltagshandeln" *(vgl. WiFF/DJI, 2011, S. 14 u.16).*

In Fortführung der zweiten Aufgabe dient das Qualifikationsprofil in diesem Arbeitsheft zunächst der weiteren Analyse eigener Professionalisierungs-Prozesse, allerdings richtet sich nun der Blick auf sechs exemplarische „Handlungsfelder" der pädagogischen Fachkräfte in Kindertageseinrichtungen.

In einem nächsten Schritt lassen sich aus dem Qualifikationsprofil Perspektiven für die weitere berufliche Professionalisierung nach Abschluss der Ausbildung entwickeln.

a) Übertragen Sie die Matrix auf ein Blatt Papier und füllen Sie die Felder aus; orientieren Sie sich dabei an drei Bewertungstendenzen:

→ das Feld wird vollständig eingefärbt: „bereits recht gut ausgeprägt", „ziemlich deutlich vorhanden", „da fühle ich mich sicher" u. Ä.

→ das Feld wird straffiert: „ansatzweise erkennbar", „da habe ich noch Fragen", „interessant, aber noch eher unbekannt" u. Ä.

→ das Feld wird nicht verändert: „da kenne ich mich fast gar nicht aus", „damit hatte ich eigentlich noch nichts zu tun", „da fühle ich mich eher unsicher" u. Ä.

Berücksichtigen Sie bei Ihren Einschätzungen nicht nur fachliche Gesichtspunkte, lassen Sie auch Ihre individuellen Fähigkeiten und Einstellungen mit einfließen (dritte Dimension: professionelle Haltung).

b) Wo zeigen sich „Ver-Dichtungen", also größere Flächen aus mehreren Dimensionen-Feldern, die im Hinblick auf die zukünftige Arbeit Sicherheit und Bestärkung signalisieren?

Wo gibt es Felder oder Flächen, welche noch wenig oder gar nicht eingefärbt wurden? Inwiefern können diese in den kommenden Jahren „aufgefüllt" werden? Welche Aufgaben sollten hierfür übernommen werden? Welche Hilfen (kollegiale Unterstützung?), welches Fachwissen (Fortbildungen?) oder sonstige Unterstützungen sind noch erforderlich?

c) Holen Sie weitere Rückmeldungen von anderen Studierenden aus Ihrer Lerngruppe ein. Geben Sie Ihren Kolleginnen und Kollegen ebenfalls eine Einschätzung. Wo zeigen sich jeweils Übereinstimmungen, wo gibt es Unterschiede – inwiefern können auch diese Ergebnisse für die eigene Professionalisierung von Nutzen sein?

Quellenverzeichnis

Amann, Andreas: Der Prozess des Diagnostizierens – Wie untersuche ich Gruppen? In: Edding, Cornelia/Schattenhofer, Karl (Hrsg.): Handbuch: Alles über Gruppen. Theorie, Anwendung, Praxis. Weinheim, Beltz Verlag, 2009, S. 404–436.

Bildungsvereinbarung NRW, Ministerium für Schule und Weiterbildung, Ministerium für Generation, Familie, Frauen und Integration des Landes NRW (Hrsg.): Mehr Chancen durch Bildung von Anfang an. Entwurf-Grundsätze zur Bildungsförderung für Kinder von 0 bis 10 Jahren in Kindertageseinrichtungen und Schulen im Primärbereich in NRW, Düsseldorf, 2010.

Collin, Catherine u. a.: Das Psychologie-Buch, München, Dorling Kindersley Verlag, 2012.

Edding, Cornelia/Schattenhofer, Karl (Hrsg.): Handbuch: Alles über Gruppen. Theorie, Anwendung, Praxis. Weinheim, Beltz Verlag, 2009.

Eisenbart, Urs: „Kreative Kinder erkennen", 2004, abgerufen unter: www.unterrichtsentwicklung.ch, 16.09.2013.

Fallner, H./Gräßlin, H.-M.: Kollegiale Beratung. Eine Systematik zur Reflexion des beruflichen Alltags, Hille, Ursel Busch Fachverlag, 1990.

Griebel, Wilfried/Niesel, Renate: Übergänge verstehen und begleiten. Transitionen in der Bildungslaufbahn von Kindern, Berlin, Cornelsen Verlag Scriptor, 2011.

Gruschka, Andreas/Hesse-Lenz, Cordula/Michely-Weirich, Hildegard/Schomacher, Hedwig: Aus der Praxis lernen. Arbeitsbuch für die Ausbildung in Erzieherberufen, Berlin, 1995.

Haug-Benien, Rolf-Dieter (Hrsg.), Ein Fall nicht nur für zwei: kollegiale Beratung, Heidelberger Institut Beruf und Arbeit, hiba GmbH, 1998.

Klein, Irene: Gruppen leiten ohne Angst, 13. Auflage, Donauwörth, Auer Verlag, 2012.

Lindgren, Astrid: Immer dieser Michel, Hamburg, Verlag Friedrich Oetinger GmbH, 2012.

Metzinger, Arbeit mit Gruppen. Freiburg, Lambertus-Verlag, 1999.

Spektrum der Mediation, Nr. 49, Frankfurt a. M., Wolfgang Metzner Verlag, 2013.

Stahl, Eberhard: Dynamik in Gruppen. 2. Aufl., Weinheim, Beltz Verlag, 2007, S. 4.

Thole, Werner: Kinder-und Jugendarbeit. Eine Einführung, Weinheim und München, Juventa, 2000.

Viernickel, Susanne: Wie können wir Kinder auf ihrem Weg in die Windelfreiheit begleiten?, In: Kindergarten heute. 6-7/2011, S. 39–41.

Wahl, Diethelm: Lernumgebungen erfolgreich gestalten. Vom trägen Wissen zum kompetenten Handeln, 2. Aufl. mit Methodensammlung, Bad Heilbrunn, Verlag Julius Klinkhardt, 2006.

Weber, Christian: Konform im Kindergarten. In: Süddeutsche Zeitung vom 26.10.2011.

Qualifikationsprofil „Frühpädagogik" Fachschule/Fachakademie; Weiterbildungsinitiative Frühpädagogische Fachkräfte (WiFF), Deutsches Jugendinstitut e. V., München 2011, S. 15.